中华优秀传统文化在职业教育中的应用研究

刘晓春/著

吉林文史出版社

图书在版编目（CIP）数据

中华优秀传统文化在职业教育中的应用研究 / 刘晓春著. -- 长春 : 吉林文史出版社, 2025. 3. -- ISBN 978-7-5752-0968-7

Ⅰ. G719.2

中国国家版本馆 CIP 数据核字第 2025CP7386 号

ZHONGHUA YOUXIU CHUANTONG WENHUA ZAI ZHIYE JIAOYU ZHONG DE YINGYONG YANJIU

中华优秀传统文化在职业教育中的应用研究

著　　者：刘晓春
责任编辑：刘姝君
出版发行：吉林文史出版社
电　　话：0431-81629359
地　　址：长春市福祉大路5788号
邮　　编：130117
印　　刷：长春市华远印务有限公司
开　　本：710mm × 1000mm　1/16
印　　张：14.25
字　　数：200千字
版　　次：2025年3月第1版
印　　次：2025年3月第1次印刷
书　　号：ISBN 978-7-5752-0968-7
定　　价：58.00元

前　言

优秀传统文化在职业教育中的应用研究正逐渐受到重视。传统文化的精髓不仅蕴含了丰富的历史价值和社会意义，而且在当代职业教育中也具有重要的实践意义。将传统文化融入职业教育，不仅有助于传承和弘扬文化，还能够提升学生的综合素质和职业能力。这些传统文化中的道德观念，能够在职业教育中形成一种强大的价值引领，促使学生在未来的职场中遵守正确的职业伦理和养成良好的行为规范。传统工艺，如手工艺品制作、古典设计技法等，拥有独特的技艺和美学标准。在职业教育中融入传统工艺课程，不仅能够保护和传承这些珍贵的技艺，还能够为学生提供实用的技能培训。这种结合有助于提升学生的创造力和动手能力，使他们能够在现代职业领域中运用传统技艺，创造出具有文化深度和市场价值的产品。在职业教育中引入传统文化课程，能够让学生了解和尊重不同的文化背景，培养他们的跨文化交流能力。在全球化的职场环境中，这种能力尤为重要，能够帮助学生更好地适应国际化的工作环境和多元文化的团队合作。

本书旨在探讨如何将中华优秀传统文化融入职业教育体系中，以提升学生的综合素质、职业道德和职业技能。本书结合职业教育的特点和发展现状，系统分析了优秀传统文化在职业教育中的重要性及其应用现状与挑战，旨在为教育工作者提供有益的参考和实践指导。职业教育作为培养高素质技术技能人才的重要途径，其教学内容和方法需要不断创新与优化。优秀传统文化作为中华民族的宝贵精神财富，不仅蕴含着深厚的道德观念和人文精神，还具有丰富的工艺技巧和实用智慧。将这些文化精髓融入职业教育，不仅可以提升学生的职业道德和文化素养，还能增强其职业技能和综合竞争力。本书适用于职业院校教师、教育管理者以及相关领域的研究人员。希望通过本书的研究成果，能够推动优秀传统文化在职业教育中的广泛应用，促进职业教育质量的提升，实现文化传承与教育发展的双重目标。

笔者在写作本书的过程中，借鉴了许多前辈的研究成果，在此表示衷心的感谢。由于本书需要探究的层面比较广阔，对一些相关问题的研究可能不透彻，加之写作时间仓促，书中难免存在一定的疏漏之处，恳请前辈、同行以及广大读者斧正。

目　　录

第一章　职业教育中的优秀传统文化概述

第一节　优秀传统文化的定义与内涵

一、优秀传统文化的定义

优秀传统文化是一个国家或民族在其历史发展过程中形成的具有独特价值和持久影响的文化遗产。这些文化遗产涵盖了思想、艺术、道德、宗教、风俗、礼仪等方面，并通过代代相传，在社会生活中发挥着重要作用。中国的优秀传统文化以其博大精深、丰富多样而著称，是中华民族智慧和精神的结晶。优秀传统文化具有深厚的历史积淀，是在漫长的历史进程中逐步形成和积累起来的，凝聚了先辈们的智慧和经验。以中国为例，儒家文化、道家文化、佛教文化等都是在不同历史时期形成的重要文化传统，它们共同构成了中华文化的基本框架。这些文化不仅在当时产生了深远影响，还在后世不断传承和发扬，成为维系民族精神的重要纽带。优秀传统文化具有高度的思想性和道德性，不仅体现了人类对自然、社会和自身的深刻认识，还蕴含了丰富的伦理道德思想。例如，儒家的“仁、义、礼、智、信”五常，道家的“道法自然”思想，佛教的慈悲济世理念，都在不同程度上影响了人们的行为准则和价值观。优秀传统文化通过传递这些思想和价值，帮助人们树立正确的人生观和价值观，提升个人修养和社会道德水平。

优秀传统文化在艺术和审美方面具有独特的魅力。传统文化中的文学、音乐、舞蹈、绘画、书法、建筑等艺术形式，是人类智慧和创造力的体现。

例如，中国的四大名著、唐诗宋词、京剧、昆曲等，都是世界文化艺术宝库中的瑰宝。它们不仅表现了高度的艺术技巧和审美趣味，还通过艺术作品反映了社会生活、历史事件和人类情感，使人们在欣赏艺术的过程中获得思想启迪和心灵慰藉。优秀传统文化还具有强大的社会功能和现实意义，不仅是民族认同和凝聚力的重要源泉，也是推动社会进步和发展的精神动力。例如，儒家的“修身、齐家、治国、平天下”思想，对个人道德修养、家庭和谐、国家治理和世界和平都有积极的指导意义。在当代社会，传承和弘扬优秀传统文化，有助于增强民族自信心和文化自觉，推动社会和谐与进步。优秀传统文化具有开放性和包容性。它不是一成不变的，而是随着时代的发展不断创新和发展。在全球化的背景下，传统文化既要保持自身的独特性和核心价值，也要积极吸收和借鉴其他文化的优秀成果，实现文化的交流与融合。通过与时俱进的发展，优秀传统文化能够更好地适应现代社会的需求，焕发出新的生命力。

二、优秀传统文化的内涵

优秀传统文化是民族的基因和精神命脉，其中的思想观念、行为习惯和价值内涵深刻影响着教育的方式和内容。这些文化精髓不仅塑造了个人的思想和行为，也在很大程度上决定了整个社会的价值取向和行为规范。中国的优秀传统文化，围绕儒家、道家、法家、墨家和佛学等多种思想体系，构成了复杂多元的社会文化结构，并经过长期的摸索和实践，逐渐沉淀出独特的民族价值观和知识逻辑，对社会个体产生渗透式的影响，形成了特有的民族性格。优秀传统文化的核心思想对教育有着深远的影响。儒家的仁爱、礼仪、忠孝思想，道家的自然无为、清静无为理念，法家的法治观念，墨家的兼爱非攻原则，佛教的慈悲济世精神，都为教育提供了丰富的思想资源。这些思想不仅塑造了传统的教育理念，也影响了现代教育的价值取向。例如，儒家提倡的“有教无类”思想，强调教育的普及性和平等性，这在现代教育中依然具有重要的指导意义。优秀传统文化的行为习惯和价值内涵，深刻影响了社会成员的行为规范和价值观念。传统文化中的礼仪、道德、伦理规范，通过家庭教育、学校教育和社会教育，潜移默化地渗透到人们的日常生活中。例如，尊老爱幼、孝敬父母、诚信待人等行为规范，都是优秀传统文化的重要内容，这些规范在现代社会依然具有重要的现实意义。

优秀传统文化具有双面性，既有精华，也夹杂着糟粕。在传承和发展优秀传统文化的过程中，我们必须学会甄别和取舍，既要继承和发扬传统文化中的精华部分，如优秀的伦理道德思想、丰富的艺术形式和深厚的哲学思想，也要摒弃和改造传统文化中的糟粕部分，如封建迷信、等级观念和陈旧的行为习惯。在现代文化的发展过程中，传承和创新是两个不可或缺的方面。我们不仅要传承优秀传统文化的精华部分，使其在新的历史条件下继续发挥积极作用，还要结合现代社会的发展需求，对传统文化进行创新和发展。例如，在全球化和信息化的背景下，我们可以通过现代科技手段和新的传播方式，使优秀传统文化焕发出新的生机和活力，进一步提升其影响力和生命力。

（一）德教文化

儒家、道家和佛教都在宣扬道德高于一切的德治倾向，坚信德教能够使人仁善，从而实现齐家治国的目标。这种价值取向深刻影响了中华民族的文化取向，成为传统文化中的重要组成部分。

孔子高赞“道之以德，齐之以礼，有耻且格”（《论语・为政篇》），强调以道德教化民众，通过礼仪规范行为，使人们心生敬畏和羞耻感，从而达到自律和和谐的社会秩序。孔子的这一思想奠定了儒家德治思想的基础，影响了后世无数思想家和统治者。孟子将“德治”视为“成王”的必要条件，指出“以德服人者，中心悦而诚服也”（《孟子・公孙丑章句上》）。他认为，只有通过道德感化使人们从内心深处感到敬服，才能实现真正的社会和谐与稳定。孟子的思想进一步丰富了儒家的德治理念，强调德治不仅是治理国家的重要手段，也是赢得民心、巩固统治的关键。荀子认为“道德之威”是治国修身的核心要素，提出“上好礼义，尚贤使能……故赏不用而民劝，罚不用而民服”（《荀子·君道》）。他主张通过提倡礼义、重用贤能，使人们在无须奖赏和惩罚的情况下，自愿遵从和服从。这种思想强调了道德教化的力量，认为道德不仅可以规范个人行为，也可以成为治理国家的重要手段。历代的思想家和统治者大多沿袭了这种“德治”文化，重视个人私德和群体公德的培育。德治思想成为我国传统文化中比重极大的积极文化因素，对社会风气、家庭教育、个人修养等方面产生了深远影响。

个人私德的培养在中国传统文化中尤为重要。自古以来，家训家规、家庭伦理在个人成长中起到了关键作用。通过家庭教育，德治思想渗透到每个人的日常生活中，使是否具备良好的德行成为评判个人价值的重要标准。群体公德的培育也在传统文化中占据重要地位。社区和乡村的公共礼仪、传统节日的庆祝活动、民间习俗和信仰等，都是德治思想的具体体现。这些文化活动不仅增强了社会的凝聚力，也使良好的德行成为社会成员共同遵循的规范。儒家、道家和佛教的德治倾向深刻影响了中华民族的文化取向。通过重视道德教育和德行培育，这种德治思想不仅成为个人修身的重要准则，也成为治家治国的核心理念。德治思想在传统文化中的重要地位，彰显了中华文化对道德价值的高度重视和追求，对当代社会的道德建设和文化传承仍具有重要的指导意义。

（二）家国文化

传统文化是在家族本位的前提下形成的“德治”文化，延伸出统治阶级家国同构的宗法制度和伦理道德规范，成为维系社会关系主要遵循的准则。这种文化结构将家族的核心价值观扩展到国家治理层面，形成了独特的家国同构伦理道德体系。

家族本位的德治文化强调通过家庭教育和家族传承来培养个体的道德品质和行为规范。在这种文化背景下，家庭被视为社会的基本单位，家族的和谐与稳定是整个社会和国家稳定的基础。儒家经典著作《论语》中的“修己以安百姓”强调，通过个人修身养性，进而影响家族和社会，使百姓安居乐业。这种思想将个人的道德修养与国家的安定繁荣紧密联系在一起，体现了家族本位向家国同构的延伸。这种家国同构的文化结构强调统治者的道德伦理和社会责任。北宋范仲淹的《岳阳楼记》中提到的“先天下之忧而忧，后天下之乐而乐”表达了士大夫阶层对国家和社会的高度责任感和使命感。这种精神要求统治者和士人阶层在国家危难之际勇于担当，将国家和人民的利益置于个人和家族利益之上，体现了由家族本位发展到社会本位的价值取向。明代顾炎武在《日知录》卷十三中提出的“保天下者，匹夫之贱与有责焉耳矣”进一步强调了普通百姓在维护国家和社会稳定中的责任和义务。这种思想将道德责任扩展到社会的每一个成员，强调全民共同承担国家和社会的责任，体现了中华文化中以大我为起点的社会本位文化。这种文化理念不仅强调统治者和精英阶层的责任，也强调普通百姓的社会责任感和参与意识。

家国同构的伦理道德规范通过宗法制度进一步得以制度化和规范化。宗法制度以血缘关系为纽带，将家族内部的伦理道德规范扩展到社会治理层面，形成了家族与国家相互映射、相互支撑的社会结构。在这种制度下，家族的伦理规范和宗法关系成为国家治理的重要基础，维系了社会的稳定和秩序。中华民族的传统文化通过家族本位的德治文化延伸出统治阶级家国同构的宗法制度和伦理道德规范，形成了独特的社会关系维系体系。从“修己以安百姓”到“先天下之忧而忧”，再到“保天下者，匹夫之贱与有责焉耳矣”，这些思想都体现了中华民族将家国利益置于顶层的价值取向。这种由小我的家族本位发展为以大我为起点的社会本位文化，不仅在历史上对国家治理和社会稳定产生了深远影响，也为当代社会的道德建设和文化传承提供了重要的精神资源和思想启迪。

（三）文化型人格

基于传统社会小农经济和封建统治的现实基础，中国传统文化过分强调民众对国家和社会群体的绝对性义务，忽视了个人的价值，弱化了个体独立的存在地位。这种文化取向使得原本就局限于群体本位的个体更加被动，形成了以“木秀于林，风必摧之”（《运命论》）为代表的求稳型心理人格，服从和中庸成为暗示个体的基本伦理指向。小农经济是中国传统社会的主要经济形式。这种经济形式下，家庭是生产和生活的基本单位，个体在家庭和村落中依附于群体，强调集体利益高于个人利益。由于小农经济的生产方式和生存环境极具不确定性，个体为了生存和安全，不得不依赖家庭和村落的保护，这种依赖关系进一步强化了群体本位的文化取向。封建统治下的社会结构和治理模式也强化了群体本位的文化取向。封建制度通过宗法制度和等级制度，将家庭伦理和家族关系扩展到国家治理层面，使个体在政治和社会生活中依附于家庭、家族和等级制度。封建统治者通过礼教、礼仪和道德教化，要求民众忠君爱国、孝亲尊长，强调个体对国家和社会的绝对服从。这种文化氛围下，个人的价值和独立性被忽视，个体更多地被视为群体的一部分，个人利益被淹没在集体利益之中。

“木秀于林，风必摧之”的心理人格正是这种文化取向的体现。该格言传达了一种求稳避祸的心理，即突出和显眼的个体容易遭受打击和排斥。因此，基于小农经济和封建统治的现实基础，中国传统文化过分强调民众对国家和社会群体的绝对义务，个体倾向于低调行事，避免锋芒毕露，以求自保，并形成了求稳型心理人格，服从和中庸成为个体的基本伦理指向。这种求稳型心理人格使得个体在面对外部环境时更加谨慎和保守，缺乏创新和冒险精神。在儒家文化中，服从和中庸被视为个人修养的重要内容。儒家提倡“中庸之道”，强调适度和谐，反对极端和过度行为。在社会生活中，个体被要求服从长辈、尊重权威，保持中庸的态度，以维持社会和谐与稳定。这种伦理观念在长期的社会实践中逐渐内化为个体的行为准则，使得服从和中庸成为普遍的社会行为规范。过分强调群体利益和个体服从，也带来了明显的弊端。个人的价值和创造力受到抑制，社会缺乏创新和活力。个体的独立性和自主性被弱化，难以进行独立思考和形成批判精神。过度的群体本位容易导致个体在面对压力和挑战时缺乏应对能力，依赖性增强，无法独立解决问题。虽然这种文化取向在一定程度上维持了社会的稳定和谐，但也限制了个体的创造力和独立性，不利于社会的创新和发展。在现代社会，如何平衡群体利益与个人价值，激发个体的创新精神和独立性，仍是一个重要的课题。

优秀传统文化深刻地影响了思想政治教育的育人立场、内容体系和指导思想。在育人立场上，传统文化强调德行和修养，要求教育者不仅传授知识，更要关注学生的品德培养，树立正确的价值观。在内容体系上，传统文化中的经典著作和思想理念成为思想政治教育的重要内容。通过学习这些经典著作，学生能够深入理解和认同中华文化的核心价值。在指导思想上，传统文化强调教育的道德导向和社会责任，要求教育者在教学中注重道德教育，培养学生的社会责任感和公德心。中国传统文化中的优秀价值取向如厚德载物、天下为公、勤劳勇敢，塑造了中华民族坚忍、无私、忠孝的民族气节，并形成了“以德主教”的教育理念。这种理念在思想政治教育中得到充分体现，通过立德树人，实现思想政治教育求真、求善的目标。优秀传统文化对思想政治教育的深刻影响，不仅在于育人立场和内容体系的构建，更在于指导思想的确立，为现代教育提供了丰富的思想资源和实践指引。

第二节 职业教育的特点与发展现状

一、职业教育的特点

（一）专业性

所谓专业性，是指职业教育是一种专业教育或专门教育，旨在培养某一职业领域的专业人才。这个特点主要是相对于普通基础教育而言的。基础教育没有专业性，而是具有基础性，是为各行各业人才培养打基础的教育。普通基础教育旨在为学生提供广泛的知识和技能，使他们在未来能够适应各种不同的职业和生活情境。它强调通识教育，注重学生的全面发展，包括语言、数学、科学、人文和艺术等各个领域的基本知识和能力。这种教育模式为学生的未来发展奠定了坚实的基础，使他们具备继续学习和发展的能力。与基础教育不同，职业教育具有明显的专业性特点。虽然普通高等教育也具有专业特点，但它的专业性不同于职业教育。普通高等教育主要侧重于培养具有学术性、理论性和基础性的人才。这些人才通常从事科研、教学、管理等工作，需要具备较强的理论基础和学术能力。普通高等教育强调理论学习和学术研究，培养学生的分析能力、研究能力和创新能力。

只有职业教育，不论是初等、中等或高等职业教育，都是培养一线技术人员、管理人员、技术工人、新型农民以及其他劳动者的教育形式。职业教育与一线职业的对口性很强，注重理论的应用、实践技能和实际工作能力的培养。这种教育模式使得学生在完成学业后，能够迅速适应工作岗位的要求，具备独立操作和解决实际问题的能力。职业教育的课程设置通常紧密结合行业和岗位需求，注重实训和实践教学。学生在校期间，通过实习、实训、项目实践等方式，获得与实际工作环境相似的实践经验。职业教育还注重与企业和行业的合作，通过校企合作、订单培养等模式，为学生提供更多的实习和就业机会，确保学生毕业后能够顺利就业并胜任工作。职业教育还强调职业道德和职业素养的培养。学生不仅要掌握专业知识和技能，还要具备良好的职业道德、工作态度和团队合作精神。这些素养对于学生在职场上的长远发展至关重要，有助于他们在职业生涯中不断进步和提升。

（二）区域性

所谓区域性，主要是指职业教育为区域办教育和依靠区域办教育。关于为区域办教育，是指职业教育为特定区域的经济、社会服务。社会与教育的互动发展表明，教育的区域功能越来越重要，即区域社会、经济、政治、文化的发展和区域教育的联系更加紧密。其中，职业教育的区域经济功能已经成为推动职业教育发展的根本动力，并且职业教育真正承担起了推动经济发展的重任，培养急需的应用型人才。因此，职业教育必须针对本地区经济社会发展现况，针对岗位需求状况，调整专业设置及专业方向，修订教学计划，改革教学内容、课程体系和教学方法，以便更好地服务于地方经济、社会。职业教育为区域办教育的一个关键方面在于专业设置和课程内容的调整。职业教育机构需要定期分析和评估本地区的经济发展趋势、产业结构和劳动力市场需求，确定哪些专业和技能是最为急需的。例如，在一个以制造业为主的地区，职业教育应侧重于机械制造、自动化技术等相关专业；而在一个服务业发达的地区，则应侧重于旅游管理、酒店服务等专业。通过这种灵活的调整，职业教育能够培养出适应区域经济发展的应用型人才，直接为地方经济服务。关于依靠区域（社区）办教育，是指为更好地服务于区域，必须充分利用区域（社区）教育资源，依托社区行业、企业、事业单位办教育。现代职业教育的办学和管理模式不再是单纯的学校模式，职业学校教育是一种学校和社会密切结合的教育，主张企业、行业、社会和个人的广泛参与。职业教育要重视组建有企业人士参与的专业教学指导委员会，聘请企业领导或工程技术人员参与教学改革，修订培养计划，指导教学设计、教学改革；并要选聘一定比例的既有丰富工程实践经验又有一定教学能力的工程技术人员为兼职教师，以加强技能、技术教育。

学校可以通过与当地企业建立合作关系，设立实习基地，为学生提供实践机会和真实的工作环境。企业可以为学校提供最新的行业信息和技术支持，帮助学校及时调整教学内容和方法。企业还可以直接参与到教学过程中，如派遣技术人员和管理人员到学校授课，或者邀请学生到企业进行参观和实习。通过这种紧密的合作，职业教育能够实现与区域经济的无缝对接，培养出更加符合市场需求的专业人才。职业教育还可以依托社区资源办学。社区中的各种公共设施、文化资源和社会组织都可以成为职业教育的重要资源。学校可以利用社区的图书馆、博物馆、文化中心等设施开展教学活动，也可以与社区组织合作，开展各种社会实践活动。这种依托社区资源的办学方式，不仅能够丰富教学内容和形式，还能够增强学生的社会责任感和实践能力。

（三）实用性

所谓实用性，是指职业教育强调实际训练，突出技能和技术教育，以培养适应经济社会发展需求的一线应用型人才。这一特点使职业教育与普通教育有所不同，普通教育可能更多地关注理论知识和学术研究，而职业教育则注重实际操作和技能的培养。职业教育培养人才的一般规律是突出其“实用”“实训”“应用”等特点。为了实现这一目标，职业教育必须通过建立实训基地、加大实训力度等方式，不断培养各种层次的应用型人才。这种方式不仅帮助学生掌握具体的职业技能，还增强了他们的实际操作能力和解决问题的能力。

在发达国家，如美国和德国，职业教育的实用性得到了充分体现。美国的社区学院特别重视实践教学，通常要求学生在实习、实验和实践方面投入大量时间，这些实践活动的学分通常占总学分的三分之一左右。学生们几乎每周都有实习机会，这种高比例的实践教学保证了学生在学习过程中能够获得宝贵的实践经验。德国则通过“双元制”教学体系，将实践课和理论知识课的比例设定为1：1，有些学校甚至调整为1.3：0.7，这种模式强调了实践课程的重要性，确保学生在学习过程中有足够的时间进行实际操作和技能训练。德国的理念是“在课堂上流汗的不是教师，而是学生”，这反映了对实践教学的高度重视。为了提高职业教育的实用性，教学必须与生产实践紧密结合。职业教育的实训基地不仅要与企业的生产环境相匹配，还要为学生提供真实的工作体验。通过校内模拟训练和校外现场实习等实践性教学环节，学生可以直接接触企业的生产环境，了解和熟悉企业的生产规律、工艺、设备和技术。这种实践经验对于学生掌握实际操作技能、适应工作环境至关重要。实训基地的建设应考虑到行业的最新技术和标准，确保学生在实训过程中能够使用最新的设备和技术。企业和学校的合作也应当更加紧密，企业可以为学校提供实践指导和技术支持，参与课程设置和教学改革。通过这种合作，职业教育能够保持与行业需求的一致性，培养出更符合市场要求的技术人才。

（四）开放性

所谓开放性，主要指职业教育在教育对象、教学时间等各方面注重灵活性，实施弹性教育。开放性是职业教育的一大特点，它使得职业教育能够适应不同人群的学习需求，并提供灵活的学习安排，以促进终身学习和职业发展。职业教育不仅面向应届学生，还包括希望转岗、换岗或提升技能的在职人员。这种多样化的教育对象要求职业教育能够灵活应对不同学习者的需求。例如，对于已经在职的成人学习者，他们可能需要针对特定职业技能的培训，或是提升现有技能以适应新的工作要求。职业教育需要提供针对这些不同需求的课程和培训计划，以满足不同学习者的要求。

由于学习者的背景和时间安排各不相同，职业教育需要提供多样化的上课时间选项。为了适应不同学习者的需求，职业教育通常会安排白天、晚上、周末、假日等多个时段的课程。这种灵活的安排使得学习者可以根据自己的实际情况选择最合适的上课时间，从而方便他们在繁忙的工作和生活中进行学习。学分制允许学生根据个人的学习进度和需求，灵活选择课程和安排学习时间。这种制度不仅提供了更多的选择和自主权，还使得学生能够根据自己的情况制订个性化的学习计划。这种灵活的学分制成为职业教育教学管理制度改革的趋势，它能够更好地适应不断变化的行业需求和学习者的个性化需求。开放性的职业教育还要求在专业设置和课程编制方面具备灵活性。职业教育应根据行业发展和市场需求的变化，及时调整专业设置和课程内容。这种灵活性能够确保职业教育始终与时俱进，培养出适应市场需求的技能人才。例如，随着科技的发展，新兴行业和职业不断涌现，职业教育需要迅速响应，开发相关课程，培训新兴领域的专业人才。

（五）生产性

所谓生产性，就是指职业教育在实践教学中强调与具体生产、生活的高程度拟合，给学生提供良好的训练，并尽可能让学生进入实际工作世界，通过顶岗实习等实践锻炼，为生产服务。这一特点强调了职业教育与实际工作的紧密联系，确保学生在毕业后能够有效地运用所学技能，满足社会对专业技能的需求。职业教育必须时刻关注生产技术和工艺的变迁和更新，以便及时调整培养目标、课程内容和专业设置。这种及时的调整能够确保教育内容与行业需求保持一致，避免学生所学的技能和技术在毕业后迅速过时。尤其是在技术快速发展的今天，职业教育必须突出新知识、新技术和新工艺，以保持教学内容的前瞻性和实用性。

实训基地应尽可能配备本行业较先进的技术和设备，使学生在校期间能够学习和使用最新的技术。这种设备配置不仅有助于学生掌握最新的生产工艺和技术，还能提高他们的实际操作能力，使其能够在进入职场时更好地适应工作要求。需要注意的是，在我国，职业教育的实践教学一般是在校内实训基地上进行的。校内实训基地虽然可以提供一定的实践训练，但它们通常无法完全模拟真实的生产环境。例如，校内实训基地的设施和设备可能无法像工厂和企业那样拥有宽敞的厂房和流水线，因此，主要注重于生产过程的仿真性。尽管校内实训基地在模拟真实生产环境方面存在一定的局限性，但通过不断优化、创新和精心设计的模拟生产流程和实训项目，校内实训基地仍能为学生提供一定程度的实践经验，使其能够在实际工作中更快地上手，并为他们的职业生涯奠定坚实的基础。职业教育的生产性强调实践教学与实际生产和生活的高度拟合，确保学生在毕业后能够有效地应用所学技能和技术。职业教育需要及时跟进技术的发展和变化，调整培养目标和课程内容，为学生提供先进的设备和技术支持，以保证教学的实用性和前瞻性。

二、职业教育发展的现状

（一）对职业教育的认识不到位

在传统教育观念中，人们普遍重视本科理论教育，认为理论知识的掌握是教育的核心。然而，职业教育的主要目标是使学生适应未来的工作岗位，因此，在教育过程中应更加注重以实际操作能力为基础的教育。然而，在现实中，职业教育仍然常常侧重于理论教学，这种情况导致其与原有目标发生了偏离，从而使职业教育的实际意义受到影响。

职业教育的本质在于培养学生的实际操作能力，使他们能够在特定的职业领域中有效地工作。职业教育的课程设计应以实际操作为核心，注重技能训练和实践经验的积累。然而，由于传统教育观念的影响，职业教育在很多情况下仍然将理论教学置于核心地位。尽管理论知识对于任何职业都是基础，但仅仅依靠理论学习而缺乏实践操作，会使学生在面对实际工作时感到力不从心。这种理论与实践脱节的情况，导致了职业教育与其实际目标的偏离，使得学生的职业准备和工作适应能力未能得到有效提升。职业教育在教育大环境中常常受到歧视与排挤，这与大众传统的教育观念密切相关。在许多文化中，本科及以上的学术教育被视为更具价值和尊严的教育形式，而职业教育则被认为是“次等”的选择。这种观念影响了职业教育的社会认可度和资源分配，导致职业教育常常得不到应有的重视和支持。这种对职业教育的偏见不仅阻碍了其发展，也影响了其对学生实际技能培养的效果。

为了改变这一现状，必须重新审视职业教育并调整对其的认识。需要在教育政策和社会观念中加强对职业教育重要性的宣传和认可。教育体系应鼓励理论与实践相结合，确保职业教育课程中有足够的实践环节，帮助学生获得实际操作的经验。职业教育机构应与企业和行业密切合作，确保课程内容和教学方法能够真实反映工作岗位的需求。通过这种方式，职业教育不仅可以提高学生的实际操作能力，还能增强其在就业市场中的竞争力。应重视职业教育对经济发展的贡献以及对社会整体就业结构的影响，认识到职业教育不仅培养了大量高技能的劳动者，还为各行各业提供了重要的技术支持和创新力量。通过改变社会对职业教育的偏见，加大对职业教育的投资和支持，可以更好地实现其培养实际操作能力的目标，从而使其在教育体系中发挥应有的作用。

（二）教育资金投入力度不够

我国职业教育的资金问题仍然十分突出，主要表现为教育资金的分配不均和资金投入不足。尽管高等教育和基础教育在资金分配中占据了主导地位，但职业教育的资金支持却相对有限，这严重影响了职业教育的质量和发展速度。教育部门的资金投入主要集中在高等教育和基础教育上。高等教育的资金主要用于大学院校的建设和运营，包括教师薪资、科研经费、校园设施维护等方面。地方政府也倾向于将大量资金投入基础教育，以提升教育普及率和教学质量。然而，对于职业院校的资金投入却相对有限，这使得职业教育面临严重的资金缺口。

职业教育的培养成本高于普通高中教育，原因在于职业教育不仅需要购置和维护专业的教学设备和设施，还需要进行大量的实训和实践教学。这些要求使得职业教育在财务上面临更大的压力，而现有的政府资金和学费收入难以完全覆盖这些成本。职业院校通常面临着资金使用上的局限。政府资金虽然专款专用，但在实际使用中，往往只能覆盖教师工资和基础设施建设等基础开支，而对其他如课程开发、实习实训、校企合作等方面的资金支持却显得不足。学费收入主要用于职业院校的日常开支，如教学材料、维护设备等，但无法有效解决整体经费不足的问题。缺乏足够的资金支持不仅影响了职业院校的办学条件，也限制了教育质量的提升。为解决这一问题，需要从多个方面着手。政府应增加对职业教育的财政投入，将更多的资源分配到职业教育领域，确保职业院校能够获得足够的资金支持。职业院校也应积极拓展多元化的资金来源，例如通过社会捐赠、校企合作等方式增加收入。此外，提高职业教育的社会认知度，增强公众对职业教育的支持，也有助于推动更多资源投入职业教育中。

（三）专业设置不合理

职业院校应当坚持以市场为导向，形成利于自身持续发展的办学理念和办学特色。当前，许多职业院校仅仅关注专业门类的齐全性，或模仿一些综合性大学设置的大而全的课程体系，而忽视了市场需求的导向。这种做法导致了专业设置的不合理，甚至出现了重复设置的现象，从而使职业教育的发展与市场需求不匹配，产生了供需矛盾。这种矛盾不仅导致了大量毕业生面临就业困难，形成了“毕业即失业”的现象，还造成了职业教育资源的浪费。

在现有体制下，职业院校的专业设置通常依赖于教育行政主管部门的指导，而缺乏市场的实际引导。这种情况使得职业院校的专业设置常常与企业实际发展的需求脱节。职业院校在专业设置时，应该更加注重市场调研，了解企业和行业的真实人才需求，结合学校自身的办学条件，开设那些真正符合市场需求的专业。职业院校应通过深入的市场调研来获取有关行业和企业的最新需求信息。这包括分析各行业的就业趋势、技能需求和未来发展方向，了解企业对特定技能和人才的需求。通过调研，职业院校可以识别市场中的技能缺口和发展机会，从而指导专业设置的调整，使课程和培训内容更符合实际需求。职业院校应与企业、行业协会建立紧密的合作关系，了解企业的具体需求和用人标准。这种合作不仅可以帮助院校获得第一手的市场信息，还能促使课程和培训内容的设计更加贴合实际。例如，职业院校可以通过建立校企合作项目、实习基地和企业导师制度，使学生在学习过程中接触真实的工作环境，培养实际工作所需的技能。学校应根据自身的师资力量、设施条件和特色优势，选择开设那些能够发挥学校特长的专业。这种方法不仅能够确保专业的质量和教学效果，还能避免盲目跟风和资源浪费。通过市场导向的专业设置，职业院校可以更好地适应市场需求和企业发展，提升毕业生的就业竞争力。同时，这种做法还能够提高职业教育资源的利用效率，减少无效和重复投资，实现职业教育的可持续发展。总之，职业院校应当积极调整办学理念和专业设置，以市场需求为导向，形成具有特色的办学模式，为学生提供更加实用和有价值的教育体验。

第三节　优秀传统文化在职业教育中的重要性

一、有利于增强文化自信与民族认同感

（一）优秀传统文化是民族的根与魂

职业教育中的优秀传统文化教育不仅是技能和知识的传授，更是文化传承和精神培养的重要环节。通过将优秀传统文化融入职业教育，学生能够在学习专业技能的同时，增强文化自信和民族认同感。中国的传统文化博大精深，涵盖了哲学、文学、艺术、历史等多个方面。这些文化瑰宝不仅体现了中华民族的智慧和创造力，也反映了中华民族独特的价值观和人生观。例如，通过学习《论语》等经典文献，学生可以了解儒家思想的核心理念，如“仁、义、礼、智、信”，从而在职业道德和行为准则上受到启发。

面对多元文化的冲击和价值观的多样性，传统文化中的核心价值观如孝道、诚信、勤勉等，能够为学生提供稳定的价值观念和行为准则。通过对传统文化的学习，学生能够在复杂的社会环境中保持清晰的价值判断和道德标准，这对于他们未来的职业发展和人生规划都有着重要的指导作用。传承优秀传统文化能够增强学生对自身文化的自豪感。通过参与传统文化的学习和实践，如书法、国画、京剧等，学生能够切身体会到传统文化的魅力和深厚底蕴。这不仅可以提升学生的文化素养，还能激发他们对自身文化的热爱和自豪感。当学生在职业教育中感受到自身文化的强大影响力和独特价值时，他们会更加珍惜和传承这种文化，从而增强文化自信。职业教育中的优秀传

统文化教育还可以通过多种方式进行。例如，职业院校可以开设传统文化课程，将传统文化知识与职业技能培训相结合，形成独特的课程体系。同时，学校可以组织各种传统文化活动，如文化节、讲座、工作坊等，让学生在实践中体验和学习传统文化。学校还可以邀请传统文化领域的专家和大师来校授课，开展文化讲座和实践活动，进一步提升学生对传统文化的认识和理解。职业教育中的优秀传统文化教育不仅能够增强学生的文化自信和民族认同感，还能帮助他们形成正确的价值观和人生观，提升其对自身文化的自豪感。这对于培养全面发展的职业人才，推动社会和谐发展，具有重要的意义。

（二）培养社会责任感和道德素养

传统文化中的伦理道德、敬业精神和社会责任感等价值观念，对职业教育学生的全面发展具有重要的作用。将这些传统文化价值观融入职业教育，不仅可以帮助学生形成良好的道德素养和职业精神，还能为他们在未来的职业生涯中提供强大的精神支持和行为准则。传统文化中的伦理道德观念，如“仁、义、礼、智、信”，可以为学生养成良好的道德素养提供坚实的基础。通过学习这些伦理道德观念，学生可以理解做人做事的基本原则，培养诚信、友爱、尊重他人等良好品质。在职业教育中，学生不仅要学习专业技能，更需要具备高尚的道德素养，才能在未来的工作中赢得同事和客户的信任，树立良好的职业形象。敬业精神是传统文化中的重要价值观，强调工作中的认真、负责和奉献精神。例如，古代工匠精神强调“精益求精”，每一件作品都要做到最好，这种精神在现代职业教育中同样适用。通过学习和传承敬业精神，学生可以养成积极向上的工作态度，做到爱岗敬业、认真负责，在职业生涯中不断追求卓越。这样的敬业精神不仅有助于个人职业发展的成功，也能为企业和社会创造更大的价值。

传统文化中强调的社会责任感，如“修身、齐家、治国、平天下”的理念，可以帮助学生培养强烈的社会责任感。通过学习这些价值观念，学生可以认识到自己的责任不仅仅在于做好本职工作，还需要关心社会，积极参与公益活动，回馈社会。这种社会责任感可以激励学生在职业生涯中注重职业操守，做到公平、公正、守法，积极承担社会责任，做一个有责任感的职业人。学校可以通过多种方式将传统文化中的伦理道德、敬业精神和社会责任感等价值观念融入教学。例如，开设传统文化课程，将经典著作和名人事迹纳入教学内容，让学生在学习专业知识的同时接受传统文化的熏陶。学校还可以组织主题讲座、道德教育实践活动等，通过生动的案例和实际体验，让学生更深入地理解和践行这些价值观念。学校可以与企业合作，开展职业道德和敬业精神培训，通过企业实际案例和岗位实践，帮助学生在实际工作中应用和践行传统文化中的价值观念。企业也可以邀请职业教育机构参与到企业文化建设中，共同培养具有良好职业精神和道德素养的职业人才。将传统文化中的伦理道德、敬业精神和社会责任感等价值观念融入职业教育，不仅能够帮助学生形成良好的道德素养和职业精神，还能为他们在未来的职业生涯中提供重要的行为准则和精神支持。

二、有利于提升综合素质与职业技能

（一）丰富职业教育的内涵

将优秀传统文化融入职业教育，不仅可以丰富教育的内涵，还能增强学生的文化素养和人文情怀。传统文化中的艺术、手工艺、礼仪等内容，作为职业教育的重要补充，不仅可以拓宽学生的知识面，还能提高他们的综合素质和文化修养，使其成为全面发展的职业人才。传统文化中的艺术教育对学生的审美能力和文化素养有重要的提升作用。通过学习中国传统绘画、书法、音乐、戏剧等艺术形式，学生不仅可以培养艺术鉴赏能力，还能感受到传统文化的深厚底蕴和独特魅力。例如，书法课可以培养学生的专注力和耐心，而传统音乐课则可以提高学生的艺术鉴赏力和情感表达能力。艺术教育的融入，有助于学生在职业学习之余，陶冶情操，提升审美情趣，丰富精神生活。传统手工艺教育对学生动手能力和创造力的培养有着重要意义。传统手工艺如刺绣、陶瓷、雕刻等，不仅是技艺的传承，更是文化的载体。通过学习这些手工艺，学生可以掌握精细的操作技能，培养耐心和专注力，同时也能激发创造力和创新意识。例如，陶瓷制作课程不仅可以培养学生的动手能力，还能让他们理解工匠精神，感受传统文化的魅力。手工艺教育的融入，有助于学生在职业技能的学习中，注重细节，追求卓越，提升职业素养。

传统文化中的礼仪教育对学生的人际交往能力提升和职业形象的塑造有着积极影响。中国传统礼仪如待人接物、言谈举止、职业礼仪等，强调尊重他人、礼貌待人、诚信为本。通过礼仪教育，学生可以学习到正确的行为规范，提升自身修养和职业素养。例如，职业礼仪课程可以帮助学生在未来的职场中，增强人际沟通能力，提升职场竞争力。礼仪教育的融入，有助于学生在职业生涯中，注重礼节，诚信做人，树立良好的职业道德和形象。传统文化教育还可以通过多样化的课程和活动形式融入职业教育体系。例如，学校可以开设传统文化选修课，让学生自由选择感兴趣的文化内容并进行学习；举办传统文化节、艺术展览、手工艺比赛等活动，让学生在参与中感受和体验传统文化；组织学生参观博物馆、文化遗产地等，让他们近距离接触和了解传统文化的精髓。职业教育机构还可以与文化机构、非物质文化遗产传承人等合作，共同开展传统文化课程和培训项目。邀请传统文化专家、非物质文化遗产传承人走进校园，开展讲座和工作坊，让学生有机会向大师学习，亲身体验传统文化的魅力。通过这样的合作，职业教育可以更好地实现与传统文化的融合，培养出具有丰富文化素养和人文情怀的职业人才。

（二）传承与创新结合

职业教育强调技能培养，而优秀传统文化中的技艺和工匠精神是宝贵的资源。将传统手工艺技术、非物质文化遗产与现代职业教育相结合，不仅能够丰富职业教育的内容，还能培养学生的创新能力和实践能力，帮助他们在未来的职业生涯中脱颖而出。传统手工艺技术蕴含着丰富的文化内涵和历史价值。例如，刺绣、陶瓷、雕刻、编织等传统技艺，不仅体现了中国传统文化的精髓，还展示了工匠们的精湛技艺和无穷智慧。将这些传统技艺引入职业教育，可以让学生在学习中体验传统文化的魅力，激发他们的兴趣和热情。同时，这些技艺的学习也能够培养学生的动手能力和创造力，提高他们的实践技能。非物质文化遗产作为传统文化的重要组成部分，具有极高的文化和教育价值。例如，中国的剪纸艺术、京剧、茶艺、中医药等非物质文化遗产项目，都是传统文化的瑰宝。通过将这些非物质文化遗产项目引入职业教育，学生不仅可以掌握独特的技能，还能了解和传承传统文化的精髓。非物质文化遗产项目的学习不仅可以丰富学生的知识结构，还能培养他们的创新思维和文化自信。

传统手工艺技术和非物质文化遗产的引入，可以通过多种形式在职业教育中实施。例如，学校可以开设专门的传统技艺课程，邀请非物质文化遗产传承人和传统手工艺大师授课。他们在传授技艺的同时，还能讲解背后的文化故事和历史背景。学生不仅可以学习到具体的操作技能，还能理解技艺背后的文化内涵，培养对传统文化的敬畏和热爱。职业教育机构还可以与文化遗产保护单位、博物馆、非物质文化遗产传承基地等合作，开展实地学习和实践活动。学生可以通过参观、实习、研学等形式，近距离接触传统手工艺和非物质文化遗产，亲身体验传统技艺的制作过程，增强动手能力和积累实践经验。这种实地学习和实践活动，不仅可以提高学生的操作技能，还能培养他们的团队合作和解决问题的能力。在课程设计方面，职业教育机构可以将传统技艺和现代技术相结合，设计出既有传统文化特色又符合现代职业需求的课程。例如，将传统刺绣技艺与现代时尚设计相结合，培养具有创新意识和实践能力的时尚设计师；将陶瓷制作技艺与现代工业设计相结合，培养具有传统技艺和现代设计思维的工艺美术师。这种课程设计，既能够传承和发展传统文化，又能满足现代职业市场的需求，培养出具有竞争力的职业人才。

三、有利于促进文化传承与社会和谐

（一）保护和传承非物质文化遗产

通过开设相关课程和培训项目，可以培养一批既具备传统技艺又掌握现代技能的人才，确保这些宝贵的文化遗产能够代代相传。在职业教育中开设非物质文化遗产相关课程，可以有效地将传统技艺融入现代教育体系。这些课程不仅可以包括传统手工艺、表演艺术、传统医药等非物质文化遗产项目的理论知识，还应注重实践操作的训练。例如，刺绣、陶瓷、木雕等传统手工艺课程，京剧、昆曲等传统表演艺术课程，以及中医药、茶艺等传统文化课程，通过系统地教学和实训，学生可以全面掌握这些技艺的精髓和操作技巧。职业教育机构可以与非物质文化遗产传承人和行业大师合作，邀请他们担任课程讲师或顾问，在传授技艺的同时讲解其背后的文化意义和历史渊源。通过这种师徒传承的方式，学生不仅可以学到技艺，还能感受到非物质文化遗产的深厚内涵和独特魅力，从而增强他们的文化自信和责任感。

职业教育机构还可以组织学生参加各类非物质文化遗产传承活动和实践项目。例如，参加传统技艺展示和比赛、参观非物质文化遗产保护基地和博物馆、参与非物质文化遗产传承的社区活动等。这些实践活动不仅可以提高学生的动手能力和实际操作水平，还能让他们在真实的环境中感受到传统文化的魅力，增强对非物质文化遗产保护的认同感和使命感。职业教育在非物质文化遗产传承中的另一个重要作用是促进传统技艺与现代技能的融合与创新。通过将传统技艺与现代设计、现代科技相结合，可以开创出新的应用和发展方向。例如，将传统医药与现代医疗技术相结合，推动中医药的现代化和国际化发展。这种融合与创新不仅能够为传统技艺注入新的生命力，扩大其应用范围并提升市场价值，还能培养出一批具有创新精神和综合素质的人才。这些人才不仅能够传承和保护非物质文化遗产，还能通过创新和实践推动其发展和传播。在政策支持方面，国家和地方政府应加大对职业教育和非物质文化遗产传承的投入，提供资金、政策和平台支持。通过设立专项基金、出台优惠政策、建设非物质文化遗产传承基地等措施，鼓励职业教育机构和非物质文化遗产传承人开展合作，共同推动非物质文化遗产的传承和发展。同时，通过加强宣传和教育，提升全社会对非物质文化遗产保护重要性的认识，营造良好的社会氛围。

（二）推动社会和谐与文化交流

优秀传统文化中的和谐观念和共生理念，可以帮助职业教育学生形成良好的人际关系和社会适应能力。在多元文化背景下，理解和尊重传统文化，有助于促进不同文化之间的交流与融合，推动社会的和谐与进步。和谐观念和共生理念是中国传统文化的重要组成部分，这些观念强调人与人之间、人与自然之间的和谐共处和相互依存。这些理念不仅体现在儒家文化的仁爱思想和“己所不欲，勿施于人”的道德准则中，也反映在道家文化的“天人合一”思想中。通过学习和理解和谐观念，学生可以学会如何处理人际关系，尊重他人，理解和包容不同的观点和文化背景。这对于他们未来在职场中的团队合作和跨文化交流具有重要意义。例如，在团队项目和合作学习中，学生可以通过实践和反思，学会如何有效地沟通、合作和解决冲突，形成良好的人际关系和合作能力。

共生理念强调人与人之间、人与自然之间的相互依存和共同发展，这对于职业教育学生的社会适应能力和环境意识的培养具有重要作用。通过学习共生理念，学生可以增强对社会责任和环境保护的认识，理解个人与社会、人与自然之间的紧密联系，形成积极的社会行为和生态保护意识。理解和尊重传统文化有助于促进不同文化之间的交流与融合。职业教育学生通过学习和传承本民族的优秀传统文化，可以增强文化自信和民族认同感，同时也可以更好地理解和尊重其他文化。这对于他们未来在全球化背景下的跨文化交流和合作具有重要意义。职业教育机构可以通过开设相关课程和活动，帮助学生深入理解和谐观念和共生理念。例如，设置传统文化和道德教育课程，组织文化交流活动和社会实践项目，邀请传统文化专家和非物质文化遗产传承人举办讲座和示范等活动不仅可以丰富学生的文化知识和提升其道德修养，还可以增强他们的社会适应能力和跨文化交流能力。在全球化和信息化的时代背景下，职业教育不仅要培养学生的专业技能和技术能力，还要注重他们的道德素养和文化修养，为社会培养全面发展的优秀人才。

第四节　职业教育中传统文化应用的现状与挑战

一、职业教育中传统文化应用的现状

（一）课程设置与教学内容的融合

1.传统文化课程的开设

许多职业院校已经开始将传统文化纳入课程体系中，开设如传统工艺、传统音乐、书法、国画、茶艺等相关课程。这些课程不仅丰富了职业教育的内容，还让学生有机会接触和学习优秀的传统文化。传统工艺课程涵盖了诸如陶瓷、刺绣、木雕等中国传统技艺。这些技艺具有深厚的历史积淀和文化底蕴。通过这些课程，学生可以学习到传统工艺的基本技法和创作理念，体验传统文化的独特魅力，并在实际操作中培养手工艺技能和艺术创造力。这不仅有助于传承和保护非物质文化遗产，还能激发学生的创新思维和动手能力。传统音乐课程让学生接触到中国古典音乐的精髓，如古琴、琵琶、二胡等传统乐器的演奏技巧和音乐理论。学习传统音乐可以帮助学生感受中国音乐的独特韵味和艺术魅力，培养他们的音乐素养和审美能力。通过参与音乐表演和实践活动，学生还能提高团队合作能力和表演艺术水平。

书法和国画是中国传统文化中的瑰宝，许多职业院校开设了书法和国画课程，教授学生传统书法的基本笔法、字体结构和章法，以及国画的构图、用墨和色彩运用。这些课程不仅可以培养学生的艺术修养和审美情趣，还能

增强他们的耐心和专注力。通过书法和国画的学习，学生可以更深入地理解和感悟中国文化的精神内涵。茶艺课程则通过教授茶道文化和茶艺技法，使学生了解中国茶文化的历史渊源和品茶的艺术。茶艺课程不仅能提高学生的礼仪修养和生活品位，还能培养他们的细致观察力和审美能力。通过茶艺实践，学生可以体验到中国传统文化的宁静和雅致，感受到茶道中的和谐之美。这些传统文化课程的开设，不仅丰富了职业教育的内容，还为学生提供了多样化的学习体验和发展机会。学生通过学习传统文化，可以增强文化自信，提升综合素质，培养正确的价值观和人生观。这些课程还可以提升学生对自身文化的认同感和自豪感，帮助他们在未来的职业生涯中更好地传承和弘扬中华优秀传统文化。

2.教材与教学资源的开发

部分职业教育机构积极开发和编写融合传统文化的教材，制作相关的教学资源和材料。这些教材不仅涵盖了传统文化知识，还注重结合职业技能的培养，使学生能够在学习传统文化的同时提升实际操作能力。这些教材通过系统地介绍传统文化的历史背景、基本概念和实践技巧，帮助学生全面了解和掌握传统文化的精髓。例如，传统工艺教材可能会详细介绍陶瓷制作、刺绣工艺和木雕技法的具体步骤和注意事项，同时结合现代职业教育的需求，加入现代设计理念和技术应用，使学生在掌握传统技艺的同时，能够创造出具有现代审美和实用价值的作品。传统音乐教材则不仅教授传统乐器的演奏技巧，还包括音乐理论、乐理知识和演奏实践，帮助学生在掌握乐器演奏方法的基础上，理解音乐的内在规律和艺术表现形式。通过与现代音乐教育的结合，这些教材能够帮助学生提高音乐素养和表演能力，为他们未来的音乐职业生涯奠定坚实基础。书法和国画教材在介绍基本笔法、构图技巧和色彩运用的同时，也注重培养学生的艺术修养和审美能力。这些教材通过大量的实践练习和案例分析，使学生在学习书法和国画的过程中，能够感受到艺术创作的乐趣和成就感，同时提升他们的艺术表达能力和创作水平。

茶艺教材不仅教授茶道文化和茶艺技法，还包括茶叶种类、泡茶技巧和品茶礼仪的系统介绍。这些教材通过实践操作和情景教学，使学生在学习茶艺的过程中，能够掌握茶道的精髓和礼仪规范，提升他们的生活品位和礼仪修养。职业教育机构还积极制作相关的教学资源和材料，如教学视频、在线课程、实训手册等，这些资源丰富了课堂教学内容，为学生提供了多样化的学习方式和实践机会。通过观看教学视频，学生可以直观地了解和学习传统技艺和操作流程；在线课程则为学生提供了灵活的学习时间和地点，方便他们随时随地进行学习和复习；实训手册则详细记录了实践操作的步骤和要点，帮助学生在实际操作中能够顺利完成各项任务。通过学习这些教材，学生不仅能够掌握传统文化的基本知识和技能，还能提升实际操作能力和创新思维，为他们未来的职业发展打下坚实基础。

（二）实践与体验教学的开展

1.传统技艺工作坊与实训基地

这些工作坊和实训基地为学生提供了亲身体验和实践传统技艺的机会，增强了他们对传统文化的理解和传承意识。这些工作坊和实训基地不仅是学习和实践传统技艺的重要场所，也为学生提供了与传统技艺大师直接交流和互动的机会。通过大师的现场教学，学生可以亲眼见证和体验传统技艺的精妙之处，从而更深入地理解和掌握这些技艺。例如，在陶瓷制作工作坊中，学生可以在大师的指导下，亲手制作陶瓷器皿，体验从泥土到成品的整个过程。在刺绣工艺工作坊中，学生可以学习传统刺绣的基本针法和技巧，亲手制作精美的刺绣作品。

在理论课程中，学生可以学习传统技艺的历史背景、基本概念和文化内涵；在实践课程中，学生可以通过反复练习和实际操作，掌握传统技艺的具体技巧和方法。工作坊和实训基地还组织学生参与各类传统技艺比赛和展示活动，激发他们的学习兴趣和创造力，增强他们的动手能力和自信心。邀请传统技艺大师进行现场教学和指导，不仅提高了教学质量，还增强了学生对传统文化的认同感和传承意识。大师们不仅传授技艺，还分享他们在技艺传承和创新方面的经验和心得，激励学生继承和发扬传统文化。通过与大师的交流和学习，学生不仅掌握了技艺，更体会到传统文化的深厚底蕴和无穷魅力，从而增强了他们传承和保护传统文化的责任感和使命感。这些传统技艺工作坊和实训基地还促进了学校与社会的紧密联系。学校通过与传统技艺大师、非物质文化遗产传承人和相关行业机构的合作，搭建起了校外实践和交流的平台。这种合作不仅为学生提供了更多的学习和实践机会，还推动了传统技艺的传承和发展。例如，学校可以与地方文化部门合作，开展传统技艺的展示和推广活动，让更多人了解和喜爱传统文化；还可以与企业合作，开展传统技艺产品的研发和生产，将学生的学习成果转化为实际产品，推动传统技艺的产业化发展。

2.校企合作与文化产业对接

这种合作模式不仅为学生提供了丰富的实践机会，还促进了传统文化的传承和创新。在校企合作中，职业院校与企业共同制定培养方案，将传统文化的元素和技艺融入现代生产和服务中。例如，在设计类专业，学生可以将传统的刺绣、剪纸、陶瓷等技艺与现代设计理念相结合，创造出具有文化内涵的创新产品。在食品类专业，学生可以学习传统的烹饪技艺，并将其应用到现代餐饮业中，推出具有地方特色和文化价值的美食。在旅游类专业，学生可以学习传统文化的导览和解说技巧，提升旅游服务的文化内涵和品质。通过实习和项目合作，学生不仅学习现代职业技能，还能接触到传统技艺的实际应用和创新实践。企业在生产和服务过程中，往往需要具备一定传统技艺的员工，例如手工制作、传统工艺、文化创意等领域的从业者。这些实习和项目合作，不仅增强了学生的实践能力和职业素养，还提高了他们的就业竞争力。例如，一些学生在实习期间参与了传统工艺品的设计和制作项目，亲身体验了从创意构思到产品实现的全过程，积累了宝贵的经验。

通过与非物质文化遗产传承人和传统技艺大师的合作，企业可以开发出具有文化特色的产品，推动传统文化的商业化和市场化。在这一过程中，学生不仅学习了传统技艺，还了解了传统文化的历史背景和文化价值，增强了文化自信和认同感。例如，一些企业与职业院校合作，共同开发传统工艺品、文创产品和旅游纪念品，将传统技艺融入现代产品设计中，既保留了传统文化的精髓，又符合现代市场的需求。

（三）活动与传播渠道的拓展

1.传统文化主题活动与比赛

这些活动不仅丰富了校园文化生活，还激发了学生对传统文化的兴趣和热情，促进了传统文化的传承和传播。这类活动通常包括传统音乐、舞蹈、戏曲、书法、绘画等多种艺术形式的展示和表演。学生在参与这些活动的过程中，不仅能够欣赏到丰富多彩的传统文化，还可以亲自参与到表演和创作中，体验传统文化的魅力。例如，学生可以学习并表演传统舞蹈，参与书法和绘画比赛，创作具有传统文化特色的作品，通过实践增强对传统文化的理解和认同。

通过邀请非物质文化遗产传承人进行现场展示和讲解，学生可以近距离接触和了解传统技艺的精髓。这类活动不仅可以增加学生对非物质文化遗产的认识，还能激发他们学习和传承传统技艺的兴趣。一些职业院校还会设立非物质文化遗产工作坊，邀请传承人长期驻校教学，为学生提供系统的技艺培训。传统技艺比赛是职业教育机构促进学生动手能力和创新精神的重要方式。通过组织各种传统技艺比赛，如刺绣、剪纸、陶艺、烹饪等，学生可以在实践中锻炼技能，展示自己的才华。这类比赛不仅可以增强学生的动手能力和创新意识，还能通过竞争激发他们的学习热情和进取心。同时，优秀的参赛作品也为学校的传统文化教育成果提供了展示平台，进一步营造了学校的文化氛围。职业教育机构还会通过组织文化讲座、文化沙龙等形式，邀请专家学者和文化名人进行讲解和交流。这类活动可以帮助学生更系统地学习传统文化知识，拓宽他们的文化视野。例如，学生可以聆听关于传统节日、民俗习惯、历史文化等方面的讲座，了解更多关于传统文化的背景和故事，增强文化自信和民族自豪感。

2.新媒体与数字化传播

一些职业院校利用新媒体和数字技术，制作和传播与传统文化相关的数字内容，如在线课程、微视频、直播等。这些数字化传播方式不仅突破了时间和空间的限制，使更多学生能够接触和学习传统文化，还为传统文化的保护和传承提供了新的途径和平台。通过创建和发布在线课程，学生可以随时随地学习传统文化知识。在线课程通常包括视频讲解、图文资料、互动练习等多种形式，使学习过程更加生动和丰富。例如，一些职业院校开设了传统音乐、书法、绘画、刺绣等在线课程，通过详细讲解和示范，帮助学生系统地掌握这些技艺。在线课程还可以配合电子教材和练习平台，使学生能够在学习过程中进行实践操作，进一步巩固所学知识。职业院校通过制作和发布与传统文化相关的微视频，能够吸引更多年轻人的关注。微视频通常内容简短、形式多样，可以是传统技艺的展示、文化故事的讲述、专家的访谈等。这些微视频不仅能够直观地展示传统文化的魅力，还能通过生动的画面和有趣的内容吸引观众。例如，一些职业院校通过制作短视频展示传统工艺品的制作过程，让观众能够近距离观察和了解这些技艺的细节，激发他们的学习兴趣。

职业院校通过直播平台进行传统文化的教学和展示，能够实现实时互动和交流。学生可以通过观看直播，实时向教师提问，参与讨论和互动。直播不仅可以用于课堂教学，还可以用于文化活动，如传统文化节、技艺比赛等。通过直播，更多的学生和观众能够实时观看和参与这些活动，增强了传统文化的传播效果。例如，一些职业院校在举办传统文化节时，通过直播平台进行实时转播，使无法到场的观众也能感受到现场的氛围和精彩内容。职业院校还可以利用数字博物馆、虚拟现实（VR）和增强现实（AR）技术，创建虚拟的传统文化展示平台。学生可以通过虚拟现实设备或移动设备，参观虚拟的传统文化展馆，观看虚拟展品，进行互动体验。这些技术不仅提升了学习的沉浸感和互动性，还突破了实体展示的限制，使传统文化的传播更加广泛和便捷。例如，一些职业院校通过虚拟现实技术创建了虚拟的非物质文化遗产展示馆，观众可以通过虚拟现实设备，身临其境地体验传统技艺的制作过程和文化背景。

二、职业教育中传统文化应用的挑战

（一）资源与师资的不足

1.专业师资短缺

职业教育中缺乏具有深厚传统文化知识和技能的专业教师，尤其是那些精通传统技艺的老师。这种师资短缺限制了传统文化课程的开设和教学质量的提升。

一方面，传统文化和技艺本身需要长时间的学习和实践积累，能够达到教学水平的专业人才相对较少。许多掌握传统技艺的匠人和大师通常集中在特定的地域或行业，未必有意愿或机会投身教育事业。传统文化教育对教师的要求不仅仅是传授知识，更需要其具备实际操作能力和传承精神，这对教师的综合素质提出了更高的要求。另一方面，职业院校在引进和培养传统文化教师方面也面临诸多挑战。职业院校的经费和资源有限，难以提供足够的薪资和良好的待遇来吸引高水平的传统技艺人才加入教学队伍。职业教育系统内部对传统文化课程的重视程度不够，导致相关课程的设置和教学资源的投入不足。即使开设了传统文化课程，由于缺乏合适的教师，课程质量难以保证，学生的学习效果也受到影响。

2.教学资源有限

在全球化和数字化的背景下，尽管许多教育机构和文化组织在传播传统文化方面取得了显著成就，但教学资源有限的问题依然严峻。很多教育机构缺乏足够的资金和专业人才来开发和教授高质量的传统文化课程。这导致许多学生无法系统地学习和理解传统文化的重要性和内涵，进而影响了文化传承的连续性。城市和经济发达地区通常拥有更多的教育资源和机会，而农村和偏远地区则面临资源短缺的问题。这种不平衡导致了不同地区学生对传统文化的认知和理解存在显著差异，阻碍了文化的全面传承和传播。许多传统文化课程仍以传统的课堂讲授为主，缺乏互动性和吸引力，难以激发学生的学习兴趣。与此同时，传统文化的数字化和多媒体教学资源开发不足，未能充分利用现代科技手段提升教学效果。尽管国际合作可以促进文化资源的共享和交流，但很多教育机构和文化组织缺乏国际合作的经验和渠道，无法有效地推广传统文化。这种局限性不仅影响了文化的国际影响力，也削弱了文化在全球范围内的认知度和认可度。现代社会中，职业教育和科技教育往往被视为优先发展领域，传统文化教育则被忽视。这种观念上的偏差导致了传统文化教育在资源分配上的劣势，进一步加剧了教学资源的匮乏问题。

（二）学生兴趣与认知的不足

1.学生兴趣不高

职业教育中存在传统文化相关的教材、教具和实践场地匮乏的问题，这限制了传统文化课程的开设和教学质量的提升。一些职业院校难以提供系统、全面的教学资源，使得传统文化的传授和推广面临困境。现有的传统文化教材往往不够系统和全面，缺乏详细的理论讲解和实践指导，更新速度也较慢，难以跟上现代职业教育的发展步伐。传统文化教育所需的教具和实践场地也较为匮乏，例如传统工艺制作、书法和国画等需要特定的工具和场所，这些教具和场地的缺乏限制了学生的实际操作机会，影响了他们对传统文化技能的理解和掌握。同时，传统文化课程在职业教育中通常被视为辅助课程，难以获得足够的资源和支持，导致教师在授课时面临资源不足的问题。为了改善这种情况，可以采取措施开发和编写系统全面的教材，配备必要的教具和实践场地，建立校企合作平台，设立专项资金和项目，推动产学研结合等，以提高传统文化课程的教学质量和效果，确保学生能够深入学习和传承传统文化。

2.认知不足

学生对传统文化的价值和重要性缺乏充分的认知，未能理解其在职业素养、创新能力和文化传承中的重要作用。这种认知不足导致传统文化教育难以获得学生的积极响应和参与。传统文化教育的意义不仅仅在于传授历史知识和技艺，更在于培养学生的职业素养和综合能力。传统文化中的价值观、伦理道德、工匠精神等能够帮助学生树立良好的职业操守、敬业精神和社会责任感，同时也能激发其创新思维和实践能力。然而，许多学生对传统文化的理解仅停留在表面，未能意识到其在现代职业生涯中的实际应用和意义。这种情况可能源于传统文化课程的教学方式和内容未能充分吸引学生的兴趣，或是学生对传统文化缺乏足够的接触和了解。为了改变这种局面，教育机构需要通过多种方式提升学生对传统文化的认知，例如将传统文化融入职业教育课程设计中，通过实际案例和项目展示传统文化在现代职场中的应用，组织丰富多样的文化活动和实践，让学生在参与中体会到传统文化的魅力和实用价值。同时，教师也应加强对传统文化教育的宣传和引导，帮助学生形成对传统文化的正确认识和积极态度。

第二章　优秀传统文化与职业道德教育

第一节　职业道德的基本概念

职业道德是职业活动中个体应遵循的一系列道德规范和行为准则。它不仅关乎个人的职业操守，也影响到组织的声誉和社会的整体道德水平。职业道德的核心概念包括诚信、责任、公正、尊重、保密、合法性、专业性和社会责任。

诚信是职业道德的基石，要求从业人员在工作中保持诚实、守信和透明的行为。诚信包括真实地陈述事实，避免虚假陈述和误导他人；履行承诺，确保对客户和同事的约定得到实现；在面对挑战时，保持公正的态度，不隐瞒问题或误导他人。这种道德标准能够建立信任，促进良好的职业关系和工作氛围的形成。职业责任涉及从业人员对工作质量、客户、同事及社会的态度和行动。高质量的工作不仅反映了个人的能力和专业水平，还影响到客户和企业的利益。从业人员需要对自己的工作成果负责，确保完成的任务符合标准和要求。同时，尊重客户、同事和其他利益相关者，表现出对他们的理解和礼貌，对提升职业关系和工作效率至关重要。职业责任还包括对社会和环境的关注，例如采取可持续发展的做法，积极参与社会公益活动。公正要求从业人员在职业活动中保持公平和客观，避免因个人利益、性别、种族、宗教等因素影响决策和行为。这种公正的态度有助于建立信任和合作，减少职场中的偏见和不平等，促进健康的工作环境的形成。尊重他人是职业道德的重要组成部分，包括尊重客户的需求和意见，尊重同事的工作和贡献，尊重上级的领导和决策，尊重下属的努力和需求。尊重他人表现为礼貌、理解和支持，能够提升团队合作的效果和职场和谐性。保密要求从业人员保护在工作中获得的机密信息和商业秘密，未经授权不得泄露这些信息。这种保密义务不仅涉及保护公司的商业利益，也关乎客户和合作伙伴的隐私和信任。严格遵守保密规定有助于防止信息泄露带来的法律和经济风险。合法性要求从业人员的行为和决策必须符合相关法律法规的要求。在职业活动中，应遵守国家和地方的法律、行业规范和公司规章制度，避免任何违法或违规行为。这种合法性不仅是维护个人和公司合法权益的基础，也是确保职业活动符合社会期望和标准的关键。专业性指从业人员应具备必要的技能和相关知识，并持续学习和提升自己的能力。专业性不仅展示了个人的职业素养，还提升了工作的效率和效果。社会责任强调从业人员对社会和环境负有的义务。支持可持续发展、参与公益活动和推动社会进步，是职业道德的重要体现。从业人员应积极参与社会责任活动，贡献个人的力量，提升社会的整体福利和环境质量。

这些职业道德的基本概念共同构成了职业道德的框架，指导从业人员在职业生涯中做出符合伦理和道德的决策和行为。遵循职业道德不仅能够提升个人的职业形象和信誉，也有助于维护组织的声誉和社会的道德标准。

第二节　优秀传统文化中的道德观念

一、仁爱与人际和谐

（一）仁爱精神

仁爱精神是中国传统文化中的核心道德观念，尤其在儒家思想中占据着重要位置。仁爱强调对他人给予关心、爱护和尊重，提倡以宽容和善意对待他人。这种精神不仅在个人的道德修养中发挥作用，也在社会和家庭关系中体现出深远的影响。在儒家思想中，仁爱被视为最根本的道德准则。儒家学派的创始人孔子将“仁”定义为“爱人”，主张“仁者爱人”，即对他人怀有真挚的关怀和爱意。他认为，仁爱是一个人品德的核心，是所有德行的基础。仁爱不仅仅是对亲近者的关爱，更应扩展到所有人，包括陌生人和社会中的弱势群体。

仁爱精神在日常生活中体现为对他人的理解和宽容。它要求我们在处理人际关系时，能够站在对方的角度考虑问题，尊重他人的感受和需求，施以帮助和支持。这种精神鼓励人们在他人遇到困难时主动伸出援手，关心他人的幸福与安康，避免恶意的评价和不必要的冲突。在家庭关系中，仁爱精神提倡家庭成员之间的和谐与关爱。它强调父母对子女的慈爱、子女对父母的孝顺，以及兄弟姐妹之间的相互帮助和关怀。仁爱精神要求家庭成员间以真诚和理解对待彼此，共同维护家庭的和谐与幸福。在社会层面上，仁爱精神倡导社会的和谐与共融。它鼓励人们关心社会弱势群体，参与公益活动，推动社会进步和公平。仁爱精神主张在社会中推广宽容和理解，促进不同文化、信仰和背景的交流与融合，推动社会整体的和谐发展。

（二）人际关系中的和谐

传统文化注重人际关系的和谐，通过一系列核心价值观和行为规范来促进社会和谐与人际关系的良好发展。家庭关系中，尊重和孝顺是传统文化的核心价值。父母对子女的教育不仅包括物质支持，更注重道德教育和行为规范的传授。子女对父母的尊敬和孝顺，体现了对家庭长辈的感恩与回报，这种关系的和谐是家庭稳定的重要保障。兄弟姐妹之间的理解与支持也是传统文化所强调的家庭和谐的关键要素，家庭成员之间的相互帮助和关爱有助于建立紧密的家庭纽带。

在朋友关系中，诚信和忠诚被视为建立深厚友谊的基础。朋友之间应当真诚相待，保持信任与互助。传统文化鼓励人们在交往中表现出真实的自我，维护彼此的信任，做到互相帮助和支持。通过这些行为，朋友关系得以稳固，人们在面临生活中的挑战和困难时能够共同应对，从而提高了人际关系的质量并拓展了深度。工作环境中的人际关系也受到传统文化的影响。传统文化提倡在工作中保持尊重、礼貌与和谐的相处方式。职场中的人际互动应当基于诚信与公正，尊重同事的意见和贡献，维护良好的团队合作氛围。通过减少冲突与争执，促进沟通与理解，传统文化帮助营造了一个友善、高效的工作环境。团队成员之间的互相支持与理解，不仅提升了工作效率，也增强了团队的凝聚力。传统文化还强调社会的整体和谐。通过推崇宽容、善意和帮助他人的行为，个人在社会中表现出对他人的关心与理解，这种态度促进了社会的稳定与发展。传统文化倡导的尊重与和谐原则，能够减少社会冲突，增进社会成员之间的相互理解与合作，从而为社会的进步与繁荣奠定基础。

二、诚实守信

（一）诚实的价值

诚实守信是传统文化中的核心道德观念，特别是在儒家和道家思想中，这一观念被视为个人立身处世的根本原则。诚实守信强调的是言行一致和真实可靠，这不仅是一种道德品质，更是社会交往中的基本准则。在传统文化中，诚实被认为是获得他人信任和尊重的基础，是个人品德的核心体现。诚实守信被视为“仁”的重要组成部分。儒家经典《论语》中提到，君子讲究诚信，认为“君子以文德之”，即通过自己的真实言行来赢得他人的尊重。孔子强调，诚信是人与人之间建立信任和和谐关系的基础，是道德修养的体现。诚实不仅体现在言语上的真实，还体现在行动上的一致，即做到言必信、行必果。这种诚实守信的品质被认为是道德高尚、品行端正的标志。

道家思想也强调诚实守信，认为自然和谐与人的真实行为密切相关。

《道德经》中提到“上善若水”，认为“善者无为而治”，提倡通过真实和自然的行为来获得内心的平和和社会的和谐。在道家的视角中，诚实守信不仅是对他人的一种尊重，也是个人内心的一种真实体现。道家认为，虚伪和欺骗会扰乱自然的和谐，真正的智慧和力量在于保持真实的自我，顺应自然的规律。传统文化对诚实守信的重视，不仅体现在个人修养和道德标准上，也对社会行为和人际关系产生了深远的影响。诚实守信被认为是社会交往的基石，有助于建立稳定的人际关系和创建良好的社会环境。通过诚实的行为，个人能够赢得他人的信任，增强社会合作，减少矛盾冲突，从而促进社会的整体和谐。

（二）守信的实践

守信不仅在个人行为中体现，也在社会和商业活动中发挥着至关重要的作用。传统文化中的守信观念强调，个人在日常生活和社会交往中应坚持履行承诺、诚实守信。这种行为不仅反映了个人的品德，也在更广泛的社会层面上产生深远的影响。在社会交往中，守信是建立和维持稳定人际关系的基础。无论是家庭关系、朋友关系还是社会交往，守信都能增强人与人之间的信任感和亲密感。通过守信，人们能够建立起可靠的社会网络。这种网络为个人提供了支持、帮助和合作的机会。相反，失信则会破坏信任，导致人际关系的紧张甚至破裂，影响社会和谐。

三、尊老爱幼

（一）尊重长辈

尊老是传统文化中一项重要的道德观念，深深植根于儒家思想中，体现了对长辈的尊敬和孝顺。这种观念在家庭和社会中发挥着重要作用，表现出对年长者的感恩和敬重。尊老不仅仅是一个文化观念，更是一种行为规范，影响着家庭和社会的道德风尚。

在家庭中，尊老体现为对子女的长辈（如父母、祖父母）的关爱和照顾。传统文化中的孝道思想强调，子女应尽孝心、尽责任，对年长的家人表现出关心和爱护。孝顺的行为包括尊重长辈的意见、听从他们的教导、在生活中给予照顾和支持。尊老不仅仅是物质上的照顾，更包括精神上的慰藉和情感上的支持。例如，在中国传统节日和家庭聚会中，家庭成员会通过孝顺的举动来表达对长辈的尊敬和感恩，这种文化习俗促进了家庭成员之间的亲密关系和和谐氛围。

尊老的观念也体现在公共行为和社会规范中。例如，传统文化提倡为老年人提供便利的生活条件，如优先乘车、尊重他们的生活习惯等。这些做法体现了对年长者的尊重和照顾，促进了社会的和谐与稳定。尊老的道德观念不仅体现了对个人长辈的敬重，也反映了对传统文化中道德准则的尊重。这种观念有助于构建和谐的家庭关系，推动社会对老年人的关注和支持。同时，它也强调了代际之间的相互责任，促进了社会的稳定和持续发展。通过尊老的文化传统，社会能够弘扬尊重、关爱和责任的价值观念，推动传统美德的传承和发扬。

（二）关爱幼小

传统文化同样重视对年轻一代的培养和关爱，强调教育和引导。这种关爱不仅体现在家庭中，也体现在社会对青少年成长的关注和支持上。传统文化中的“孝悌”“仁爱”等观念，通常将对年轻人的教育和引导视为一种责任和义务，体现了对下一代的深切关怀和期望。

在家庭中，传统文化鼓励父母对孩子进行悉心教育和引导。家庭是孩子成长的第一环境，父母的言传身教在孩子的道德观念、价值观念形成中起着至关重要的作用。传统文化提倡通过榜样的力量、言教和身教来培养孩子的品德、责任感和社会规范，使他们在家庭氛围中得到正面的影响和教育。教育孩子传承尊重长辈、诚实守信、勤奋努力等传统美德，是家庭教育的重要内容。

在社会层面，传统文化提倡为年轻一代提供机会和资源，以促进他们的全面发展。这包括支持教育事业的发展，为青少年提供良好的学习条件和机会。传统文化认为，教育是培养年轻一代的重要途径，教育不仅传授知识和技能，还应注重道德教育和人格培养。社会对青少年的关注体现在多方面，比如设立奖学金、开展公益活动、建立支持青少年成长的机构等，旨在为他们创造良好的成长环境。传统文化也强调社会对年轻人的指导和帮助，提倡以积极的方式引导青少年，帮助他们树立正确的价值观和人生观。通过各种形式的社会支持，如青年活动、职业培训、心理辅导等，帮助年轻一代健康成长，掌握必要的社会技能和知识，为他们的未来发展奠定基础。

第三节　将优秀传统文化融入职业道德教育的意义

一、提升职业道德水平与职业素养

（一）强化职业道德基础

优秀传统文化中的道德观念，如诚实守信、仁爱待人、尊重长辈等，为职业道德教育提供了坚实的基础。这些传统道德观念不仅在个人生活中具有重要作用，也在职业生涯中发挥着关键作用。将这些传统道德观念融入职业道德教育，有助于培养学生的职业素养和伦理意识，使他们严格遵守行为规范，提升其在职业活动中的道德水平。传统文化中的诚实守信观念强调言行一致、真实可靠，这为职业道德教育奠定了基础。在职业环境中，诚实守信不仅能够赢得同事和客户的信任，还能确保业务活动的透明性和公平性。通过学习传统文化中的诚实守信原则，学生能够在职业生涯中践行这一道德标准，提高职业道德水平，增强个人的职业信誉。

仁爱待人是传统文化中另一重要的道德观念，它提倡以宽容、善意对待他人。将仁爱待人的理念融入职业道德教育，可以帮助学生培养良好的人际关系和团队合作精神。仁爱待人能够促进同事间的互助和合作，提升工作氛围的和谐性。这种关爱和尊重的态度也能够改善客户服务质量，提升客户满意度，从而增强企业的整体竞争力。尊重长辈的观念在职业道德中也有重要的体现，特别是在处理职场关系和进行团队管理时。传统文化中强调对长辈的尊敬和孝顺，这种观念可以帮助学生在职业生涯中形成尊重前辈、虚心学习的态度。尊重前辈不仅能促进职场的和谐关系，还能够从经验丰富的前辈那里获得宝贵的职业指导和建议，有助于职业成长和发展。通过课程设置、实践活动和伦理培训等方式，能够帮助学生更好地理解和践行职业道德。通过培养学生对诚实守信、仁爱待人、尊重长辈等传统道德观念的认同和实践，能够提升其职业道德水平，为未来的职业生涯奠定坚实的道德基础，促进职业行为的规范化和职业环境的和谐发展。

（二）培养良好的职业素养

传统文化中的优良品质，如勤奋、诚恳、敬业等，对于职业素养的提升具有重要作用。这些品质不仅是个人成长和成功的重要因素，也对职业生涯的发展产生深远影响。通过传统文化的教育，学生不仅能够在职业技能上获得提升，还能够在职业操守、工作态度等方面形成良好的习惯，从而全面提升整体职业素养。

在中国传统文化中，勤奋不仅被视为一种道德品质，也是取得成功的关键因素。传统文化强调通过勤奋努力来实现个人目标和社会价值。将这种勤奋的精神融入职业教育，能够帮助学生培养踏实肯干的工作态度，在工作中积极进取、不断提升自己的能力，从而提高职业表现力和发展潜力。诚恳意味着真实、真诚的态度，在与他人交往中表现出真诚的关心和尊亘。职业教育中，诚恳的态度能够帮助学生建立良好的人际关系，增强团队合作精神。通过传统文化中的诚恳教育，学生能够在工作中表现出真实的自我，赢得同事和客户的信任，从而提高工作效率和职业满意度。敬业不仅包括对工作的热爱和投入，还涵盖了对工作的专业态度和高标准要求。敬业被视为实现个人价值和为社会做出贡献的重要途径。职业教育中强调敬业精神，可以帮助学生形成正确的职业态度，努力提升自身专业能力和职业素养，在职业生涯中表现出高度的责任感和使命感。

二、促进人际和谐与职场文化

（一）营造和谐的职场环境

传统文化中的人际和谐观念，如尊重他人、关爱团队成员、注重合作等，对于职场中的和谐氛围营造具有重要作用。将这些观念融入职业道德教育，可以帮助学生在未来的职场中更好地与他人合作，建立积极的工作关系，提升团队的凝聚力和协作能力。

尊重不仅包括对他人的个性和意见的尊重，还包括对他人工作成果和贡献的认可。在职业道德教育中强调尊重他人的观念，可以帮助学生在职场中建立起良好的人际关系，培养与同事、上级、下属之间的相互尊重和理解。这种尊重的态度不仅有助于减少职场冲突，还能够促进合作，建立和谐的工作环境。传统文化强调在集体中关心他人，尤其是在团队合作中，体现出团队成员之间的相互照顾和帮助。在职业道德教育中融入这种关爱观念，可以帮助学生培养团队合作精神，提高他们在团队中对其他成员的关注和支持。这种关爱不仅能够增强团队的凝聚力，还能够提高整体的工作效率和团队的士气。合作被视为实现共同目标的重要手段。在职业教育中强调合作精神，可以帮助学生理解在工作中与他人共同努力的重要性。通过培养合作意识和技能，学生能够在团队项目中更有效地分工合作，充分发挥个人专长，推动团队目标的实现。合作的精神还能够促进团队成员之间的沟通和协作，减少摩擦和误解，从而提升团队的整体表现。

（二）增强社会责任感

传统文化中的社会责任感和伦理观念，如对社会的贡献和对他人的关怀，对培养学生的社会责任感具有积极影响。在职业道德教育中融入这些传统文化元素，可以有效引导学生认识到自己的职业行为对社会的广泛影响，激发他们履行社会责任的意识。

传统文化倡导个人在社会和家庭中应尽义务、贡献力量，这种社会责任感贯穿于整个职业道德教育中。引入这一观念，可以帮助学生意识到自己的工作不仅关乎个人利益，也涉及社会的福祉和发展。通过了解和践行社会责任，学生能够在未来的职业生涯中更加注重工作的社会影响，努力为社会作出积极贡献。伦理观念强调个体在社会交往中应严格遵守行为规范和表现出具备的良好品德。这些伦理观念在职业道德教育中起到指导作用，帮助学生理解在职业活动中应遵循的伦理规范。例如，通过教育学生理解职业行为的社会影响，可以提高他们在工作中对社会公义和公平的关注，促使他们在工作中遵循高尚的伦理标准。在职业道德教育中，将这一观念融入教学内容，可以激励学生在未来的工作中主动承担社会责任，通过高质量的工作和积极的职业行为，为社会发展和进步作出贡献。学生在认识到职业行为对社会的影响后，更可能在工作中展现出积极的社会责任感，推动社会的良性发展。在职业道德教育中引入这一观念，可以帮助学生在职业活动中养成关爱他人、尊重他人和帮助他人的良好品质。这种关怀不仅能够提升个人的人际关系和优化工作环境，也有助于建立和谐的社会氛围，促进社会的整体进步。

三、促进文化传承与职业创新

（一）传承优秀传统文化

将传统文化融入职业道德教育，不仅有助于提升学生的职业道德水平，还能促进传统文化的传承。通过职业教育中的传统文化课程，学生能够深入理解和学习传统文化的精髓，从而在职业生涯中实践这些文化价值观，同时也为传统文化的保存和发扬作出贡献。

职业道德的提升通过传统文化教育能够实现，因为传统文化中包含了大量的道德规范和行为准则，这些规范和准则为职业道德提供了坚实的基础。

通过学习传统文化的伦理观念，如诚信、责任、尊重他人和社会责任等，学生能够在职业活动中更好地遵循这些道德标准，从而提高自身的职业道德水平。例如，传统文化中的“仁爱”精神能够帮助学生在职场中更加关爱他人，建立良好的人际关系；“诚实守信”的观念则能够促使学生在职业活动中保持诚信，履行承诺，提升个人和职业信誉。通过在职业教育中开设传统文化课程，学生能够系统地学习传统文化的知识和技艺，这不仅帮助他们在个人成长中获得更丰富的文化内涵，还为传统文化的延续和发扬提供了新生力量。这些课程不仅包括传统的伦理观念，还涵盖了传统工艺、艺术、历史等方面的内容，让学生在掌握职业技能的同时，也能够传承和发扬传统文化。例如，学生通过学习传统的手工艺技术，可以在未来的工作中将这些传统技艺与现代职业技能相结合，创造出新的价值。课程设计与实施将传统文化融入职业道德教育的方式可以有多种形式，如设立传统文化课程、邀请传统文化专家举办讲座和进行实践指导、组织传统文化主题活动等。这些措施不仅可以帮助学生在职业教育中提升职业技能，还能促使他们深刻理解和践行传统文化的精髓，从而在职业生涯中更好地体现传统文化的价值观。在职业教育中融入传统文化和文化传承的长期影响也有助于培养学生的文化自信和认同感，使他们能够更好地理解和珍视自身文化的独特性。这种文化认同感能够增强学生的文化自豪感，使他们在未来的工作和生活中更加积极地参与传统文化的传承和发展。

（二）推动职业创新

传统文化中的许多思想和技艺在现代职业实践中依然具有深远的启发性。将这些传统文化中的创新精神和工匠精神融入职业教育，不仅能够激发学生的创新思维和提升其创造力，还能推动他们在职业发展中不断探索和突破，从而促进其在职业领域的进步和发展。

现代职业教育可以通过介绍这些传统创新的历史背景和技术演变，激发学生的创新意识。学生在学习这些传统技术时，可以理解创新是如何在历史中推动社会发展的，并将这种精神应用到当前的职业实践中，从而激发他们的创造性思维和提升其解决问题的能力。这种精神鼓励从业人员在自己的领域中追求卓越，精心打磨每一个细节，确保取得高质量的成果。在现代职业教育中，融入这种工匠精神可以帮助学生树立对工作质量的高标准，培养他们的专业素养和职业操守。通过传统工艺的实践和学习，学生能够更好地理解工匠精神的内涵，并在自己的职业生涯中践行这种精神，从而在工作中不断追求卓越和完美。实践和应用传统文化中的创新和工匠精神的方式可以通过多种途径进行。例如，在职业教育课程中引入传统工艺的实践项目，鼓励学生将传统技艺与现代技术相结合，提出可行的解决方案或开发新的产品。这种结合不仅能够提高学生的实际操作能力，还能促进他们在职业领域中进行创新和取得突破。设立与传统工艺相关的研究课题和实践基地，可以为学生提供更多的实践机会，帮助他们深入理解传统文化中的创新理念，并将其应用于现代职业实践中。在课程设置和教学方法中，教师可以结合传统文化中的创新思想和工匠精神，设计出符合现代职业需求的教学内容。例如，结合传统手工艺与现代制造技术，探讨如何将传统技艺与现代技术相结合，创造出新的工艺品或技术产品。这种融合不仅能够拓宽学生的视野，还能促进职业领域中的技术进步和创新发展。

第三章 优秀传统文化与职业技能培养

第一节 传统工艺与现代职业技能的关联

一、传统工艺与现代职业技能的结合

（一）保留了传统技艺的精髓

传统工艺如刺绣、木雕、陶瓷等蕴含着丰富的文化内涵和历史价值。通过与现代职业技能相结合，这些传统技艺得以在保留原有精髓的基础上进一步发扬光大。例如，传统刺绣技艺通过现代设计软件的辅助，可以实现更加复杂和精美的图案设计，同时保持手工制作的独特质感和艺术价值。

刺绣技艺的现代化应用。传统刺绣技艺在过去通常依赖于手工技艺和经验传承，但现代设计软件的引入，使得刺绣图案的设计变得更加灵活和精确。设计师可以利用计算机辅助设计（CAD）软件进行复杂图案的创作和修改，从而可以创作更加精美和多样化的刺绣作品。尽管设计过程借助了现代技术，但制作过程依然保留了手工刺绣的独特质感和艺术价值。这种结合不仅提高了刺绣作品的艺术水平，还使得传统技艺在现代市场中更具竞争力和吸引力。

木雕技艺的创新发展。传统木雕技艺通过现代工具和技术的辅助，可以实现更高精度的雕刻和更复杂的设计。数控雕刻机（CNC）等现代设备的使用，使得雕刻过程中的精细程度和效率大幅提升。然而，尽管现代技术在雕

刻过程中起到了重要作用，手工打磨和细节处理仍然是保留传统工艺精髓的关键。通过这种现代与传统的结合，木雕作品不仅在制作质量上有了显著提高，还能够保留传统木雕的艺术价值和文化内涵。

陶瓷技艺的现代融合。传统陶瓷制作技艺通过现代材料科学和工艺技术的应用，可以创造出更高质量的陶瓷作品。例如，通过现代釉料和烧制技术，陶瓷作品的色彩和质感得到了极大提升。同时，3D打印技术的引入，使得陶瓷设计变得更加多样化和创新化。尽管现代技术在制作过程中发挥了重要作用，手工拉坯和装饰依然是陶瓷作品独特艺术价值的重要组成部分。通过这种现代与传统的融合，陶瓷作品在保持传统艺术风格的同时，具有了更强的市场适应性和竞争力。

这种传统工艺与现代职业技能的结合，不仅使得传统技艺得以传承和发扬，还为现代职业教育和市场需求注入了新的活力。学生通过学习和掌握这种结合式的技艺，既能够传承传统文化精髓，又能够在现代职业环境中展现出独特的技能优势。传统工艺在现代社会中焕发出了新的生命力和艺术价值。

（二）提升产品质量和生产效率

现代技术的引入，如数控机床和3D打印技术，不仅提高了传统工艺产品的制作精度，还缩短了生产周期。例如，数控机床在木雕制作中可以实现精确的雕刻，减少人为误差，提高产品的一致性和质量；3D打印技术在陶瓷制作中可以快速生成复杂的模具，缩短了传统手工制模的时间。同时，现代职业技能的应用还可以提高生产效率，降低成本，使传统工艺产品在市场上更具竞争力。

数控机床在木雕制作中的应用。传统木雕通常依赖工匠的手工技艺和多年经验，制作过程费时费力，且存在一定的误差。数控机床的引入改变了这一状况。数控机床通过计算机编程控制，可以在短时间内完成高精度的雕刻工作，确保每个产品的一致性和高质量。它不仅可以处理复杂的图案和细节，还可以进行大规模生产，大大提高了生产效率。数控机床的高精度和自动化特性，使得木雕作品在市场上的质量得到了显著提升，同时减少了对手工技艺的依赖，降低了生产成本。

3D打印技术在陶瓷制作中的应用。传统陶瓷制作过程中的制模环节往往耗时较长，且复杂的模具难以手工完成。3D打印技术的引入，使得这一过程大大简化。通过3D打印技术，设计师可以快速生成复杂的陶瓷模具，不仅提高了模具的精度和一致性，还缩短了制作时间。3D打印技术能够实现传统手工无法达到的复杂设计，使得陶瓷作品的创意和多样性得到了极大扩展。此外，3D打印技术的应用还降低了模具制作的成本，提高了生产效率，使得传统陶瓷产品在市场上更具竞争力。

现代职业技能的应用。现代技术与传统工艺的结合，不仅提高了生产效率和产品质量，还使得传统工艺产品在市场上的竞争力显著提升。通过现代职业技能的培训，工匠和设计师能够掌握数控机床、3D打印等先进技术，并将这些技术应用到传统工艺品的制作过程中。例如，通过计算机辅助设计（CAD）软件，设计师可以更加高效地进行产品设计和修改，提高设计的精准度和效率。工匠可以通过数控机床和3D打印技术，快速实现设计图纸中的复杂结构和细节，缩短了生产周期。

二、传统工艺在现代职业教育中的应用

（一）培养学生的实际操作能力和创新思维

传统工艺课程如陶艺、织布、刺绣等，通过理论与实践相结合的教学模式，让学生在动手实践中掌握独特的技能。这不仅提升了学生的实际操作能力，还培养了他们的创新思维。例如，在陶艺课程中，学生可以通过亲手制作陶器，了解不同的制作技法和材料特性，同时发挥创造力设计出独具特色的作品。这样的实践经验有助于学生在未来就业中具备更强的竞争力。

学生不仅能够系统地学习传统工艺的历史、文化背景和技艺原理，还能

够在实际操作中不断磨炼自己的技艺。例如，学生首先学习陶艺的基本知识，如陶土的种类、釉料的配方、烧制的温度和时间等。随后，通过实际操作，学生可以亲身体验捏制、拉坯、上釉、烧制等各个环节，逐步掌握从泥土到成品的整个制作过程。在陶艺制作中，学生需要根据不同的设计需求，尝试不同的制作技法和釉料配方，这种尝试和探索的过程，有助于学生在实践中不断创新，设计出独具特色的作品。这种动手实践的过程，不仅让学生对陶艺有了更深刻理解，还培养了他们的动手能力和耐心。再比如，学生通过学习不同纺织材料的特性和传统织布、刺绣技法，掌握基本的操作技能。接着，通过实践操作，学生可以尝试设计和制作自己的织物和刺绣作品，了解不同针法和图案的应用。学生能够积累丰富的实践经验和技艺技巧，这在传统工艺行业中具有很高的就业竞争力。雇主往往更青睐那些拥有实际操作经验和创新能力的毕业生，因为他们能够更快地适应工作环境，并为企业带来新的创意和发展动力。实践经验有助于学生在职业生涯中不断创新和发展。学生能够不断探索新的技法和材料，结合现代设计理念，创造出符合市场需求的创新产品。在实践操作中，学生需要不断尝试和探索，解决制作过程中遇到的问题，这种过程有助于培养他们的解决问题能力和创新思维。

（二）传承和发扬传统文化

将传统工艺纳入职业教育课程，不仅是对传统技艺的保护和传承，也是对学生进行文化教育的重要方式。通过学习传统工艺，学生能够深入了解和体验传统文化的精髓，增强对本民族文化的认同感和自豪感。同时，职业院校通过组织传统工艺展览、比赛和交流活动，让学生有更多机会展示和分享自己的作品，激发他们对传统文化的热爱和创新热情。

传统工艺如刺绣、木雕、陶瓷等，蕴含着丰富的历史和文化价值。通过职业教育，学生可以系统地学习这些工艺的基本技法和背后的文化内涵，从而更好地理解和传承传统技艺。例如，刺绣课程不仅教授学生基本的针法和图案设计，还会介绍刺绣在不同历史时期的发展和演变，以及其在社会和文化中的作用。这样的课程设置帮助学生建立对传统工艺的全面认识，增强他们对本民族文化的认同感和自豪感。职业院校还可以通过组织各类传统工艺展览、比赛和交流活动，为学生提供展示和分享自己作品的平台。这些活动不仅能够激发学生的创作热情，还能够让他们在实践中不断提高技艺水平。例如，开设刺绣课程的职业院校可以定期举办刺绣作品展览，让学生展示自己的创作成果，并与观众交流创作心得。通过这样的活动，学生不仅可以获得成就感和自信心，还能更深刻地感受到传统工艺的魅力，增强对传统文化的兴趣和认同感。在刺绣比赛中，学生可以尝试将传统技艺与现代设计元素相结合，创造出具有独特风格的作品。这种创新实践不仅有助于传统工艺的发展和创新，还能培养学生的创造力和问题解决能力。例如，在刺绣课程的比赛中，学生可以尝试使用不同的材料和颜色，设计出具有现代感的刺绣作品。通过这样的实践，学生不仅能够提升自己的技艺水平，还能激发他们的创新思维。职业院校可以组织学生参加各类传统工艺交流活动，如工作坊、研讨会和文化交流项目等，让学生有机会与来自不同地区和国家的传统工艺大师和同行交流、学习。这种跨文化的交流与学习，不仅能够拓宽学生的视野，还能帮助他们更好地理解和尊重不同的文化和传统。例如，学习刺绣课程的学生可以参加国际刺绣交流活动，了解不同国家和地区的刺绣技法和风格。通过这样的交流，学生不仅能够提高自己的技艺水平，还能增强对其他文化的理解和尊重。

三、传统工艺与现代职业发展的互动

（一）传统工艺在文化创意产业和手工艺品市场中的重要角色

传统工艺在现代职业发展中，尤其是在文化创意产业和手工艺品市场中，扮演着至关重要的角色。现代职业技能的提升能够帮助传统工艺从业者更好地适应不断变化的市场需求，开拓新的市场领域。例如，传统刺绣、木雕、陶瓷等工艺品可以通过现代设计理念和技术进行改良和创新，使其更加符合现代消费者的审美和使用需求。此外，传统工艺的文化价值和艺术价值在现代市场中也得到了更多的认可和重视，推动了文化创意产业的繁荣发展。

这些工艺品不仅代表着精湛的技艺和独特的文化内涵，还能够满足现代消费者对个性化和高质量产品的需求。例如，传统刺绣可以通过与现代时尚设计的结合，创造出独具特色的服装和饰品；木雕则可以融入现代家居设计，打造出既具有艺术美感又实用的家具和装饰品；陶瓷工艺则可以通过创新设计和技术改良，生产出更具现代感和功能的家居用品和艺术品。通过职业教育和培训，传统工艺从业者可以学习到现代设计理念和技术，如计算机辅助设计（CAD）、3D打印、激光雕刻等。这些现代技术能够帮助他们提高生产效率和产品质量，同时也能激发他们的创作灵感，使他们能够创造出更多符合市场需求的产品。例如，使用3D打印技术可以快速制作复杂的模具，缩短传统手工制模的时间。随着全球化的发展，消费者越来越重视产品的文化背景和故事，这为传统工艺品提供了新的市场机会。通过文化创意产业的发展，传统工艺品的文化内涵和艺术价值得以充分展现。例如，一些品牌通过讲述传统工艺的历史和文化故事，成功地获得了消费者的关注和喜爱。这不仅提升了产品的附加值，也促进了传统文化的传播和传承。传统工艺品通过与现代设计和技术的结合，能够在全球市场中找到新的定位和价值。例如，一些传统工艺品品牌通过跨界合作，与时尚、家居、艺术等领域的设计师和品牌合作，创造出独具特色的产品系列，赢得了广泛的市场认可和好评。这种跨界合作不仅提升了品牌的知名度和影响力，也推动了传统工艺的创新和发展。

（二）现代职业技能助力传统工艺开拓新市场

现代职业技能的掌握对传统工艺从业者来说至关重要。通过电子商务平台，传统工艺品可以面向全球市场销售，这需要传统工艺从业者掌握数字营销、品牌建设等现代职业技能。通过有效的数字营销策略和品牌建设，传统工艺品能够实现更广泛的市场覆盖并提升品牌影响力，吸引更多的消费者。

传统工艺从业者可以利用这些平台，直接将产品展示给全球消费者，从而扩大市场范围。然而，要在电子商务平台上取得成功，传统工艺从业者需要掌握数字营销的技能，包括搜索引擎优化（SEO）、社交媒体营销、内容营销等。这些技能可以帮助他们提高产品的在线可见性，吸引更多的潜在客户。例如，通过在社交媒体上发布关于产品制作过程的视频和故事，可以增强消费者对产品的兴趣和认同感，从而提高销售量。传统工艺品的品牌建设需要结合其独特的文化内涵和工艺价值，通过专业的品牌策划和推广策略，塑造独特的品牌形象。品牌建设不仅包括视觉识别系统的设计，如品牌标志、包装设计等，还涉及品牌故事的创作和传播。例如，通过讲述品牌的历史、工艺传承和文化背景，可以增强消费者对品牌的信任和忠诚度。有效的品牌建设能够提升产品的附加值，使其在竞争激烈的市场中脱颖而出。设计软件的使用可以帮助从业者提高产品设计的效率和精度，创造出更加符合现代审美观念的产品。例如，使用CAD软件可以快速生成产品设计图纸，进行精确的尺寸和结构计算。市场分析技能能够帮助从业者了解市场趋势和消费者需求，制定科学的产品开发和营销策略。例如，通过分析消费者的购买行为和偏好，可以调整产品的设计和定价策略，提高市场适应性。客户关系管理（CRM）技能则能够帮助从业者维护和发展客户关系，提高客户满意度和忠诚度。例如，通过定期与客户互动，收集反馈意见，并根据客户需求进行产品改进，可以增强客户的满意度和品牌忠诚度。

第二节　优秀传统文化在技能培养中的具体应用

一、传统文化元素在技能培养中的具体应用

（一）课程设计

在职业技能培训课程中融入传统文化元素能够将现代技能学习与传统文化知识结合起来，提供丰富且多层次的学习体验。这种融合不仅有助于保护和传承传统文化，还能提升学员的职业能力和市场竞争力。例如，在设计课程中引入中国传统图案、书法和刺绣等元素，可以在多方面增强学员的专业技能和文化理解。

中国传统图案如云纹、龙凤纹、花鸟图案等，在服装设计、家居装饰和产品包装中有着悠久的应用历史。将这些传统图案融入现代设计课程，可以使学员学习如何将传统美学与现代设计理念结合起来，创造出具有文化深度和市场吸引力的设计作品。例如，设计师可以在现代服装的面料上应用传统刺绣图案，打造出既符合现代审美观念又具有传统特色的服饰。书法独特的字体和书写风格对平面设计、广告设计和品牌标识设计有着重要影响。在设计课程中融入书法元素，可以让学员在学习现代设计技能的同时，理解和应用书法艺术。这不仅提升了设计作品的文化内涵，也使得品牌标识更具辨识度和独特性。例如，将书法艺术应用于品牌标识设计中，可以为品牌注入传统文化的独特气息，同时提升品牌的市场价值。通过将刺绣技艺融入现代职业技能培训，学员可以学习传统刺绣技巧，并将其应用于现代时尚设计中。例如，现代设计师可以在服装、家居饰品和工艺品中运用刺绣技艺，创造出既保留传统工艺精髓又符合现代审美观念的产品。这种将传统文化元素融入职业技能培训的方式，不仅有助于保护和传承传统文化，也推动了传统工艺

的创新和市场化。通过结合传统文化和现代设计理念，学员能够获得更全面的专业技能，并在未来的职场中具备独特的竞争优势。这种融合模式不仅丰富了职业教育的内容，也促进了传统文化的现代化应用，为从业者提供了更多的发展机会和更大的创新空间。

（二）实践项目

通过实践项目将传统文化融入职业技能培训，能够为学员提供实际操作的机会，同时让他们深入体验和掌握传统文化的精髓。这样的实践项目不仅增强了课程的趣味性，还使学员能够将传统文化知识与现代职业技能结合起来，提高他们的实际操作能力和激发其创新思维。

在传统手工艺品制作的项目中，学员可以亲自参与到传统工艺的制作过程中，例如制作手工刺绣、陶瓷、木雕等。这些实践活动能够让学员直接接触传统工艺的技法和材料，学习传统工艺的独特技艺和制作流程。例如，学员可以在制作传统刺绣时，学习如何运用不同的针法和绣线，感受传统刺绣艺术的细致与复杂，从而在实际操作中掌握这一技能。学员不仅能提高自己的手工技能，还能够更加深入地理解传统文化的美学价值和意义。通过策划和组织春节、中秋节等传统节日的活动，学员可以了解和运用传统节日的习俗、文化和庆祝方式。例如，在策划春节活动时，学员可以学习如何设计节庆装饰、组织民俗表演和策划节日餐饮，这不仅提高了他们的活动策划和组织能力，还使其对传统节日的文化背景和传统习俗有了更深刻的理解。学员能够将传统节日的文化元素融入现代活动中，推广和传承传统文化。学员可以学习制作如粽子、月饼、年糕等传统节日食品，通过实际操作掌握传统烹饪技艺。例如，在制作月饼时，学员可以学习如何调制馅料和烘烤，从而掌握制作传统节日食品的技艺。通过这样的课程，学员不仅能够提高烹饪技能，还能够更好地理解传统节日食品的文化意义和制作工艺。学员可以学习传统园林的设计理念、景观布局和植物配置方式等。例如，在设计一个传统的中国园林时，学员可以了解如何运用山水、亭台、花木等元素，创造出具有传统文化韵味的园林景观。学员能够将传统园林的设计理念与现代园艺技术结合起来，提升自身的园艺设计能力，并促进传统园林文化的现代应用。

二、文化价值观传递在技能培养中的具体应用

（一）加强职业道德教育

在技能培养过程中，强调传统文化中的职业道德和工匠精神，可以为学员提供坚实的价值观基础，提升他们的职业素养。传统文化中的职业道德和工匠精神，如诚信、勤勉、敬业、精益求精等，具有深远的教育意义，能够有效地指导学员在职业生涯中严格遵守行为规范，并形成正确的职业态度。

在职业技能培养中，教师可以通过经典案例来讲解诚信的重要性，例如展示历史上因诚信而获得成功的工匠或商人的故事。这些案例可以包括古代工匠在制作工艺品时坚持原材料的真实性和质量，或商人在交易中始终信守承诺，维护自己的信誉。通过这些故事，学员可以理解诚信不仅是个人道德的体现，也是建立长久职业关系和取得商业成功的关键。在技能培训中，可以通过分享名匠的工作故事，展示他们如何通过勤勉和敬业达成卓越的工艺水平。例如，介绍一些知名的传统工匠如何在长时间的工作中不断提升技艺，或者如何将职业当作一种使命，不断追求卓越。通过这些生动的故事，学员可以受到激励，学习如何在职业生涯中付出更多的努力和热情，注重细节，精益求精。传统工艺往往强调对细节的严格把控和对质量的严格要求。可以通过实际操作和演示，让学员亲自体验精益求精的工作过程。例如，在制作传统手工艺品时，讲解每一个细节的处理和每一项技术的应用，让学员深刻理解如何在工作中追求完美。老师还可以展示一些工匠如何通过不断改进技术和工艺，最终创造出具有高度艺术价值和实用价值的作品，从而激励学员在实际工作中持续追求卓越。学员能够更直观地理解传统文化中职业道德的具体应用，并在实际操作中进行反思和践行。这种教学方法不仅能够传递传统文化的精髓，还能够帮助学员将传统的价值观融入现代职业实践中，

从而提升他们的整体职业素养和道德水平。

（二）促进团队合作与提升人际关系

通过传统文化中的合作精神和礼仪规范来培养学员的团队合作意识和良好的人际交往能力，可以为职业教育提供独特的视角和实践方法。传统文化中的合作精神和礼仪规范强调和谐、尊重和有效沟通，这些都在现代职业环境中具有重要的价值。通过模仿和学习这些表演形式，学员能够体会到团队成员之间如何通过默契配合、共同努力来实现目标。这种方法可以帮助学员增强合作意识和团队协作能力，学会在团队中承担责任和发挥作用，对职业沟通和人际关系的提升具有直接影响。传统的茶道、礼仪课程等可以用来提升学员的沟通技巧和职业礼仪水平。例如，在茶道课程中，学员可以学习如何在正式场合中表现得体，掌握招待客人时的礼仪常识和细节，从而提高自己的礼仪水平和沟通能力。在礼仪课程中，学员可以了解不同场合的礼仪要求，学习如何通过适当的仪态和用语来展现尊重和礼貌。通过将传统文化中的合作精神和礼仪规范融入职业技能培训，学员可以在实际工作中更好地应用这些技巧和知识。比如，在团队项目中，学员可以通过角色扮演和模拟练习，体验并掌握团队合作的技巧，学会如何在团队中有效沟通和协作。而在职业礼仪方面，学员则可以通过模拟正式场合、参与礼仪实践等方式，塑造良好的职业形象和提升沟通能力。这种结合不仅能提高学员的团队合作能力和职业礼仪水平，还能帮助他们在未来的职业生涯中更好地适应各种工作环境和处理人际关系。通过传统文化的融入，学员将能够在实践中体验到古老文化的智慧，提升个人的职业素养和竞争力。

三、文化创新与产业结合在技能培养中的具体应用

（一）创新思维训练

将传统文化与现代科技相结合的技能培训课程，如陶瓷制作与3D打印技术的融合，可以激发学员的创新思维。例如，在陶瓷制作课程中，引入3D打

印技术不仅能帮助学员设计更复杂的模具和图案，还能加快生产速度和提高制作精度。这种结合不仅保留了传统陶艺的精髓，还带来了现代设计的可能性，使学员在掌握传统技艺的同时，能够应用前沿科技进行创新设计。学员在学习传统刺绣技艺的基础上，利用计算机技术进行数字化设计，可以创作更为复杂和精细的刺绣图案。这种方法不仅提升了刺绣作品的质量，还能显著提高生产效率，使传统刺绣技艺在现代市场中更具竞争力。激光切割技术可以用于制作复杂的木质部件，同时学员可以运用传统木工技艺进行后续的装配和细节处理。这种方法不仅提升了木工产品的精度和美观度，还为学员提供了现代技术与传统技艺相结合的实践经验。学员可以使用数字绘图软件进行传统艺术风格的创作，并利用现代技术进行图像处理和着色。这种融合不仅保留了传统绘画的艺术特色，还能探索新的艺术表现形式，帮助学员在传统艺术的基础上进行创新。

（二）产业融合与市场应用

在技能培养中，结合传统文化产业的发展需求，培养学员的市场应用能力，可以显著提升他们的职业竞争力。通过开设市场营销课程，学员可以学习如何将传统工艺品推广到现代市场中，包括市场调研、目标市场分析、品牌定位和营销策略等内容。通过实际案例分析，学员能掌握如何识别市场需求，制订有效的营销计划，提升传统工艺品的市场竞争力。电商平台操作课程则教导学员如何在主流电商平台上进行传统工艺品的产品上架、优化和销售，包括产品拍摄和描述、关键词优化、顾客评价管理等，帮助学员掌握电商平台的操作技巧，提升线上销售的效果。同时，社交媒体宣传课程培训学员如何利用社交媒体进行传统工艺品的宣传和推广，课程涵盖内容创作、社交媒体广告投放、粉丝互动和品牌推广策略等，帮助学员通过社交媒体平台树立品牌形象，吸引潜在顾客，提高产品的知名度和影响力。安排学员参与真实的市场推广项目，例如与传统工艺品生产企业或工艺师合作，进行产品的市场推广和销售策划，让学员将课堂上学到的理论知识应用到实际工作中，积累宝贵的实战经验。结合传统工艺品的设计与现代市场需求，开设创新设计课程，帮助学员将传统工艺与现代流行趋势相结合，创造出符合市场需求的产品。课程中包括产品开发、设计思维、用户体验研究等，帮助学员在传统工艺基础上进行创新设计。通过分析成功的传统工艺品市场案例，学员可以理解市场需求和成功要素，同时，职业院校与传统工艺品企业合作，为学员提供实习机会和开展企业参访活动，使他们更好地了解行业动态和市场趋势。这些措施不仅满足了传统工艺品产业的发展需求，还为学员的职业发展提供了广阔的空间。

第三节　传统文化与现代职业技能的融合策略

一、教育与培训融合

（一）课程设置与教学方法

在职业教育和培训课程中融入传统文化的内容，例如，在设计、烹饪、工艺制作等课程中加入传统文化的知识和技艺，使用案例教学法，通过分析和实践传统工艺品的制作过程来理解和掌握其精髓。通过实践项目，如传统手工艺品制作、传统节庆活动策划等，让学员在实际操作中体验和掌握传统文化的精髓。例如，烹饪课程中加入传统节日食品的制作，园艺课程中加入传统园林设计的学习。通过经典案例和名匠故事，让学员理解并践行这些价值观。通过传统文化中的合作精神和礼仪规范，培养学员的团队合作意识和良好的人际交往能力。例如，结合传统戏曲中的团队合作表演来训练学员的协作能力；通过茶道、礼仪课程提升学员的沟通技巧和职业礼仪；通过传统文化与现代科技的结合，培养学员的创新思维。

（二）师资力量与合作交流

引入传统文化领域的专家和工匠作为教师，或者与相关文化机构、手工艺协会合作，定期举办讲座、工作坊和交流活动，是职业教育中融入传统文化的重要举措。学员不仅能学习专业技能，还能深刻理解传统文化的内涵和价值。

与普通教师相比，这些传统文化领域的专家和工匠具有更丰富的实践经验和深厚的文化背景。他们不仅能传授具体的技艺和方法，还能通过亲身示范和指导，帮助学员掌握技艺的细微之处和精髓。例如，传统陶艺大师可以现场展示拉坯、雕刻和上釉等过程，让学员亲身体验传统工艺的独特魅力。专家和工匠不仅能介绍传统技艺的历史和发展，还能分享他们在传承和创新过程中的经验和故事。这种面对面的交流，有助于激发学员的兴趣和热情，增强他们对传统文化的认同感和自豪感。同时，学员还能通过互动提问和动手实践，获得更深层次的理解和体会。与文化机构和手工艺协会的合作，可以为职业教育提供更多的资源和平台，拓宽学员的学习和发展渠道。职业教育机构可以与博物馆、文化中心和非物质文化遗产保护单位等机构合作，开展参观、实习和项目合作等活动。例如，学员可以参观传统工艺展览，了解不同地区和民族的文化特色，参与非物质文化遗产项目的保护和传承工作，从而加深对传统文化的理解和认知。职业教育机构还可以与手工艺协会联合举办技能比赛和展示活动，鼓励学员展示自己的作品，交流技艺和提升技能水平。

二、技术创新与文化传承结合

（一）现代技术应用

利用现代技术，如3D打印、数控机床、虚拟现实等，来创新和传承传统工艺，不仅能够保留和发扬传统文化，还能为其注入新的活力和创意。这种现代技术与传统工艺的结合，不仅提升了工艺品的生产效率和精度，还拓展了它们的应用范围并提升了其市场价值。3D打印技术可以用于制作传统工艺品的模具。例如，在陶瓷制作中，传统的制模过程通常需要耗费大量的时间和精力，且对工匠的技艺要求较高。3D打印技术可以快速精确地制作出复杂的陶瓷模具，提高生产效率和精度。同时，3D打印还可以实现一些传统手工难以达到的设计，使陶瓷制品在保持传统美感的基础上更加多样化和具有创新性。数控机床技术可以用于传统木雕、玉雕等工艺。传统的手工雕刻需要工匠长期的经验积累和高超的技艺，而数控机床可以通过预先编程来实现复杂的雕刻工艺，不仅提高了生产效率，还保证了每件作品的精确度和一致性。虚拟现实技术可以用于模拟传统建筑的设计和建造过程。通过虚拟现实技术，学员可以身临其境地体验传统建筑的设计和施工方法，深入理解其结构和美学理念。这种沉浸式的学习方式不仅增强了学习的趣味性，还提高了学员的动手能力和创新意识。

（二）数字化保护与传播

将传统文化的技艺、图案、故事等内容进行数字化处理，制作成电子书、教学视频、在线课程等，进行广泛传播和推广，不仅有助于保护传统文化，还能使更多人了解和学习这些技艺，激发他们的创新灵感。

数字化文档是指将传统文化的经典技艺和故事记录下来，制作成电子书。这些电子书可以包括详细的图文说明、历史背景介绍、步骤解析等，使读者能够系统地了解和学习传统文化。例如，将传统刺绣技法、瓷器制作过程、剪纸艺术等整理成电子书，以便爱好者和学生可以随时查阅和学习。多媒体教学资源是指制作高质量的教学视频和多媒体课件，并将传统技艺的操作过程、关键技巧和注意事项通过视频展示出来。视频教学直观易懂，可以让学习者更容易掌握复杂的技艺。例如，制作关于书法、国画、陶艺等的教学视频，展示名师的操作过程和技巧，为学习者提供真实的视觉和听觉体验。在线课程平台的教学形式是指将传统文化的教学内容搬到在线课程平台上，并提供系统的课程结构和学习路径。通过在线课程，学习者可以按照自己的进度进行学习，获得系统的知识和技能。例如，开发关于传统木工、刺绣、茶艺等的在线课程，设立不同难度等级的课程，满足不同水平学习者的需求。数字图案库是指将传统文化中的图案进行数字化处理，制作成图案库。这些数字图案库可以供设计师、艺术家和爱好者使用，使他们在创作中融入传统文化元素。例如，将传统织锦、瓷器图案、古建筑纹样等整理成数字图案库，提供高质量的数字资源供下载和使用。互动学习平台是指结合虚拟现实（VR）和增强现实（AR）技术，开发的可以让学习者身临其境地体验传统技艺的系统。例如，通过VR技术模拟传统陶艺制作过程，学习者可以在虚拟环境中进行操作，了解每一步的细节和技巧；通过AR技术展示传统建筑的结构和设计原理，让学习者可以在现实环境中进行查看和互动。

三、产业发展与市场推广结合

（一）文化创意产业

发展文化创意产业，将传统文化与现代设计、时尚潮流相结合，开发具有文化特色的产品，是保护和传承传统文化的创新方式。这包括将传统刺绣技艺应用于现代服装设计中，使传统刺绣图案如龙凤和花鸟等在现代服装上焕发新生；将传统图案融入家居用品设计中，如在家具、瓷器、布艺等上使用传统纹样，如青花瓷花纹和剪纸艺术图案，提升产品的文化品位并增强市场吸引力。结合地方特色和传统文化元素，开发具有地域文化特色的文创纪念品，如苏绣丝巾、京剧脸谱钥匙扣、茶道主题茶具等，既展示了传统文化，又成为旅游纪念品市场的亮点。

利用现代科技手段，如3D打印、数控机床等，实现传统工艺的创新和升级。例如通过3D打印技术制作传统陶瓷模具，提升生产效率和精度；通过数控机床实现木雕工艺的精细化生产，使传统技艺更易推广。将传统文化元素融入现代艺术、音乐、影视等领域，创造新的文化产品和体验，例如结合传统京剧与现代音乐，制作新的音乐作品，或将古代故事与现代电影技术结合，创作文化大片。通过社交媒体、电商平台等方式推广文化创意产品，使传统文化在更广泛的市场上获得关注。例如，制作传统文化主题的短视频，通过网络传播引发公众的兴趣；通过电商平台销售文化创意产品，实现线上线下联动。建设文化创意园区，为文化创意产业提供集中展示、交流和孵化平台，在园区内开设传统工艺坊、设计工作室、创意展示厅等场所，吸引创意人才和企业入驻，形成文化创意产业的聚集效应。这些举措不仅有助于传统文化的传承和保护，还能使其在现代社会中焕发新的活力，推动文化创意产业的发展。

（二）市场营销与品牌建设

通过现代市场营销手段，传统文化产品可以在广泛的市场中获得更大的影响力和消费者认知度。电商平台为传统文化产品提供了全球化的销售渠道，商家可以通过线上店铺展示和销售传统工艺品，如手工陶瓷、刺绣制品等。利用电商平台的广告推广功能，可以针对特定消费者群体进行精准营销，从而提高产品的曝光率和销售量。

社交媒体，如微信、微博等，是宣传传统文化产品和讲述故事的重要渠道。通过发布高质量的内容，如产品制作过程的视频、文化背景的介绍、传统技艺的展示等，可以吸引用户的关注并令他们乐于分享。例如，通过短视频平台发布制作过程的幕后花絮，或者通过图文并茂的帖子介绍传统工艺品的文化内涵，有助于提升产品的文化价值和吸引力。直播带货是一种新的销售模式，通过与网红或博主开展合作，进行传统手工艺品的现场直播推广，可以实现即时销售和互动。主播在直播过程中可以向观众展示产品的细节，讲解其背后的文化故事，并进行实时的问答和互动，不仅能提高产品的销售量，还能增强消费者对传统文化产品的认同感。品牌推广方面，通过打造具有文化特色的品牌形象，传统文化产品可以在市场中树立独特的品牌认知。设计具有文化象征意义的品牌logo和包装，使产品更具吸引力；利用传统文化的故事和理念进行品牌宣传，塑造品牌的文化内涵和价值观。例如，可以通过举办文化主题活动、赞助相关的文化节目、参与文化交流活动等方式，增强品牌的市场影响力和消费者的品牌忠诚度。

第四节　技能竞赛中的传统文化元素

一、竞赛项目设计

（一）传统工艺类竞赛

设立以传统工艺为主题的竞赛项目可以为传统技艺的传承与创新提供平台。这些竞赛项目不仅展示了传统工艺的精湛技艺，还激发了参与者的创意并提升了他们的创新能力，推动传统工艺的现代化和市场化。比如，传统手工艺制作竞赛可以包括刺绣、陶瓷和雕刻等项目类别，鼓励参赛者结合现代设计元素进行创作。在传统烹饪技艺方面，可以通过传统节日食品制作竞赛或经典菜肴重现竞赛来展示传统食品的制作技艺，并鼓励创新口味和外观设计。古典建筑装饰竞赛则包括传统建筑装饰和古典园林设计，参赛者可以通过模型制作、绘图或实际装修展示他们的技艺。同时，还可以举办传统工艺与现代设计结合的竞赛以及传统工艺创新竞赛，鼓励将传统工艺技法应用于现代产品设计中，展示如何在保持传统工艺精髓的同时进行技术或设计上的创新。通过开展教育讲座和进行展览发布，可以提升公众对传统工艺的认识和兴趣，从而推动传统工艺在现代社会中的应用和发展。

（二）文化融合类竞赛

设计竞赛项目可以鼓励参赛者将传统文化元素与现代技能应用相结合，展示创新思维和设计能力。例如，可以设立项目让参赛者在现代产品设计中融入传统图案，构思时尚服装、家居等设计作品，同时展示传统文化的美学与现代设计的融合。另外，还可以设立项目让参赛者将传统工艺与现代结合，创作新型产品或解决方案，比如利用3D打印技术创作传统手工艺品的现代版，或通过虚拟现实技术展示传统工艺的制作过程。另一个项目则可以要求参赛者将传统故事或传说与现代媒体形式结合，创作动画短片、互动游戏或多媒体展示作品，展现传统文化的魅力和现代传播的结合。还可以设计一个竞赛项目，让参赛者在现代商业中应用传统工艺，例如设计融合传统工艺的高端品牌产品，或创建以传统工艺为特色的电商平台。此外，可以让参赛者设计教育项目，将传统文化融入现代教育体系中，如开发以传统手工艺为主题的课程大纲，或设计以传统节庆为基础的教育活动方案。这些竞赛项目不仅激励参赛者的创新思维，还促进传统文化的现代化应用和传承。

二、竞赛内容与标准

（一）传统文化标准

在竞赛评判标准中加入传统文化的相关要求，可以确保参赛作品在保留传统精髓的同时，体现出创新和现代应用的结合。例如，对于传统工艺项目，评估可以集中在传统工艺技法的运用程度上，包括对传统技艺的忠实性和技术的精确性。在文化表达方面，评判者会检查作品是否准确地展示了传统图案、故事或节庆的背景，确保其符合文化背景和历史事实。创新性和现代应用也是关键标准，作品应展示如何将传统工艺与现代设计或技术进行结合，体现出独特的创意和实用性。对于文化传承和教育价值的考察，则涉及作品是否能够有效传播传统文化，并增强公众的兴趣和理解。作品的美学价值与实际使用效果也是重要的考量标准，特别是在传统节庆主题的现代活动策划中。工艺水平和质量评估则关注作品的制作精细度和最终质量，确保产品达到高标准。在文化背景介绍和说明方面，评判者会考察作品是否提供了充分的文化背景和制作过程说明，帮助观众更好地理解传统文化的意义。通过这些标准，可以确保参赛作品不仅具有创新性和现代性，还能尊重和传承传统文化的核心价值。

（二）文化表现力

竞赛组织者设置专门的主题和要求，指导参赛者在作品中融入传统文化元素。例如，设计类竞赛可以设定传统图案、纹样、色彩或工艺技法作为作品的一部分，以确保参赛者在创作过程中关注和运用传统文化的美学特征。在传统工艺类竞赛中，可以要求参赛者使用特定的传统工艺技术，如刺绣、陶瓷制作或木雕，展示这些技艺在现代设计中的应用。评审可以考虑作品是否真实反映了传统文化的历史背景、故事和精神。例如，作品可以在设计说明中详细阐述其文化来源和创作灵感，解释如何将传统文化与现代设计理念相结合。同时，评审也应关注作品在美学上的表现，包括色彩运用、形态设计和工艺技巧，确保作品既符合传统美学，又能在视觉和功能上满足现代需求。在评审过程中，评委可以特别关注作品的创新与传承平衡，鼓励参赛者在保持传统技艺和元素的基础上进行创意设计，探索传统与现代的融合。参赛者可以展示如何通过创新手法重新诠释传统文化，创造出既有文化深度又具现代感的作品。竞赛可以设置专门的展示环节，邀请观众参与和进行互动，了解作品背后的传统文化故事和技艺。通过现场讲解、展示和交流，增强观众对传统文化的认知并提升体验。同时，竞赛也可以通过在线平台、社交媒体等渠道，分享参赛作品和其文化背景，扩大传统文化的影响力和受众群体。

三、宣传与推广

（一）文化故事介绍

在竞赛宣传和推广中融入传统文化故事和背景，可以显著提升公众对传统工艺和文化的兴趣和认识。通过详细介绍每项传统工艺的历史背景、起源和发展过程，公众可以了解到这些工艺不仅是技术的展示，更是文化遗产的重要组成部分。展示传统工艺的制作过程，如传统陶瓷从泥料处理到烧制的全过程，或传统木雕的雕刻技巧和装饰风格，让观众理解相关工艺的复杂性和精细性。同时，阐释传统工艺在文化中的象征意义和社会价值，例如传统刺绣图案如何体现特定的文化符号和美学观念，或传统茶艺在社交礼仪中的作用，有助于观众更深刻地理解工艺背后的文化内涵。邀请传统工艺领域的专家、工匠或历史学者进行访谈，分享他们对工艺的见解和个人经历，也能让观众感受到工匠对传统文化的热情和执着。组织传统工艺的现场展示和体验活动，邀请公众参与工艺制作过程或体验工艺品的使用，能够提升观众对传统文化的亲身体验和兴趣。利用社交媒体平台制作和发布关于传统工艺的短视频、图文故事和专题文章，吸引更广泛的受众。通过分享传统工艺的精彩瞬间、历史故事和制作流程，激发公众对竞赛和传统文化的关注和讨论。通过这些方式，竞赛的宣传和推广不仅展示了传统工艺的美学和技巧，还增强了公众对传统文化的理解和认同，促进了传统工艺的传承和创新。

（二）展示与传播

设立专门的传统文化展区，可以为这些作品提供一个系统化的展示平台。在展区中，除了展示作品，还可以通过实物展示、互动体验、示范操作等形式，让观众深入了解每项作品的制作过程及其背后的传统文化故事。例如，可以设立手工艺品的实物展示台，配以传统工艺的制作过程视频，让观众直观地看到工艺的每一个步骤和细节。这种亲身体验可以增强观众对传统工艺的理解和兴趣。还可以设置传统文化的讲解环节，邀请专家或工艺大师进行现场讲解，深入讲述传统技艺的历史背景、文化意义及其在现代社会中的应用。通过虚拟展览和视频展示，观众可以通过互联网远程欣赏到传统文化与现代职业技能结合的成果。例如，制作高清的展览视频或虚拟展览平台，让观众可以在任何地点、任何时间观看展览，体会传统文化元素如何融入现代设计中。在线平台还可以设立互动环节，如在线讲座、直播问答等，让观众有机会与参赛者或专家进行实时交流，进一步了解作品和技术细节。

第四章　优秀传统文化与职业教育课程设计

第一节　课程设计的基本原则

一、需求导向原则

课程设计应以职业市场和行业需求为导向，这意味着课程内容必须与实际工作岗位的技能要求和知识需求相匹配。教育机构需要系统化和持续地进行行业趋势和用人单位需求的调研。通过定期的行业调研和与用人单位的交流，教育机构可以深入了解当前和未来的行业动态、技术进步及岗位技能要求，从而使课程设计能够及时调整以适应这些变化。

定期收集和分析行业报告、市场研究数据和技术趋势，了解行业的发展方向和未来的需求，是确保课程设计与市场需求能够对接的关键。行业协会发布的报告、行业峰会和技术展览等渠道提供的最新信息，可以帮助教育机构预测未来的技能需求，确保课程内容具有前瞻性。通过这些数据，教育机构能够了解新兴技术、行业标准的变化及新兴领域的职业要求，从而及时更新课程内容以反映这些变化。通过问卷调查、访谈和职业需求分析等方式获取的反馈，能够帮助课程设计者理解实际工作中的具体需求。这样，课程内容可以更好地体现行业的实际需求，提高学生的就业能力和职场适应性。专家的实践经验和行业见解，能够为课程设计提供宝贵的参考，帮助设计符合行业标准的课程内容。他们的参与不仅能够提高课程的质量，还能够确保课程内容与行业需求保持一致。根据行业调研的结果，教育机构需要定期更新课程内容、教学大纲和教材，引入最新的技术和知识，更新案例分析，增加与行业相关的实用模块。这种动态更新能够保持课程的现代性和实用性，使学生能够掌握最新的行业技能。课程设计中应包含足够的实践和实习环节，以使学生能够在真实的工作环境中应用所学知识。通过实习、项目合作和行业实践，学生可以积累实际工作经验，提升操作能力和解决问题的能力。实践环节不仅帮助学生将理论知识应用于实际工作，还能够增强他们的职场竞争力和实际工作能力。设置与行业认证相关的课程内容，帮助学生获得行业认可的资格证书，也是课程设计的重要部分。资格证书不仅能提升学生的职业能力，还能增强他们在就业市场中的竞争力。通过结合行业认证要求，课程设计能够帮助学生更好地满足行业标准，提升他们的职业素养和就业前景。

二、能力导向原则

课程设计应着重于学生能力的全面培养，而不仅仅停留在知识的传授层面。现代职业教育不仅需要传授理论知识，还应注重培养学生的实践技能、综合能力和解决实际问题的能力。这种能力导向的课程设计有助于学生在毕业后能够有效地胜任其所学领域的工作。

实践课程应覆盖与学生未来职业相关的技能，如实验室操作技能、项目管理、数据分析等，使学生在毕业时能够直接上手工作。这些综合能力在职业生涯中同样重要。课程中可以设置团队项目、跨学科合作和公共演讲等环节，让学生在协作中提升自己的组织能力和沟通能力。课程中可以引入角色扮演和模拟练习，以帮助学生在不同的职业情境中应对复杂情况，提升解决问题的能力。应通过问题导向的学习模式，设计课题和案例分析，使学生能够在面对实际挑战时应用多种方法和技术解决问题。例如，利用实际项目的案例让学生分析并提出解决方案，或者安排与行业相关的实习机会，让学生在实践中识别问题、制定解决策略并实施方案。这不仅能增加学生的实践经验，还能提高他们的创造力和问题解决能力。为了增强学生的职业适应性和竞争力，课程设计应结合行业标准和认证要求。例如，引入行业认证考试的准备课程，帮助学生了解行业标准和技能要求，并为获得相关证书做准备。这不仅可以提升学生的职业资格，还能提高他们在求职市场中的竞争力。由于现代职业环境的快速变化，学生需要具备持续学习和自我更新的能力。课程中可以加入自我学习、信息检索和批判性思维的培养内容，帮助学生养成终身学习的习惯和能力。

三、模块化设计原则

课程内容的模块化设计是一种有效的教学策略，将复杂的知识和技能分解为易于理解和掌握的小模块。这种设计方法不仅有助于学生逐步学习和掌握所需技能，还能够方便课程内容的更新和调整，从而提高教育的灵活性和适应性。

模块化设计的关键在于将课程内容划分为独立而互补的模块，每个模块涵盖特定的知识点或技能要求。通过将复杂的课程内容拆分为小的模块，学生可以逐步掌握每个模块中的知识和技能。这种分阶段的学习方式使学生能够从基础开始，逐步建立起完整的知识体系。例如，在技能培训课程中，可以将课程内容分为基础技能模块、进阶技能模块和高级应用模块，帮助学生循序渐进地掌握技能。学生可以根据自己的学习进度和需求选择和安排学习模块，这使得学习变得更加灵活。例如，一些学生可能需要更多时间来掌握某些基础模块，而另一些学生则可以直接进入高级模块。这种灵活性可以满足不同学生的学习需求，提升学习效果。由于课程内容被拆分为独立的模块，教师可以在不影响其他模块的情况下，对某一模块进行更新和优化。这种方式使课程能够及时反映行业的新发展和技术的进步，从而保持课程的时效性。例如，如果某个领域的技术发生了重大变化，教师可以只更新相关的模块，而不需要重新设计整个课程。在设计时，可以使不同模块之间互相关联，支持跨学科的知识整合和综合应用。例如，在一个综合项目模块中，学生可以将各个基础模块中的知识和技能结合起来，完成实际的项目任务。这种设计不仅能够促进知识的综合应用，还能提高学生的实践能力和解决问题的能力。每个模块可以设置独立的评估标准和反馈机制，使教师能够针对每个模块的学习效果进行评估，并提供有针对性的反馈。这种方式有助于学生了解自己在每个模块中的掌握情况，从而有针对性地进行改进和提升。模块化课程内容可以与其他教育机构或平台共享，使得课程资源可以得到更广泛地使用和传播。例如，不同的教育机构可以共同开发和使用相同的模块，从而提高教育资源的利用效率和效果。

四、评价反馈原则

课程设计中包含有效的评价和反馈机制对于确保教学质量和促进持续改进至关重要。这些机制不仅帮助教师了解学生的学习效果，还能为课程的实际效果提供数据支持，从而进行必要的优化和改进。

评价不仅应关注学生的知识掌握情况，还要涵盖他们的实践能力、问题解决能力和综合素质。例如，可以通过笔试、项目作业、实践操作、案例分析等多种形式对学生进行综合评价。多样化的评价方式有助于全面了解学生的学习成果和能力发展情况，并确保课程内容和教学方法的全面性和有效性。定期的评估可以帮助教师及时了解学生的学习进度和知识掌握情况，识别教学中存在的问题，并进行有针对性的调整和改进。例如，可以设置每周或每月的测试、作业评估和项目检查，以便及时跟踪学生的学习效果和课程进展。同时，收集学生的反馈意见也是重要的一环，通过问卷调查、访谈或讨论等方式，了解学生对课程内容、教学方法和学习资源的意见和建议，从而进行必要的调整和优化。形成性评价是在教学过程中进行的，以帮助学生改进学习策略和提高学习效果。它包括日常的作业反馈、小测验、课堂讨论等形式，能够及时发现学生在学习过程中遇到的困难，并提供有针对性的帮助。总结性评价则是在课程结束时进行的，主要用于评估学生的总体学习成果和课程的整体效果。例如，通过期末考试、项目总结报告等方式，评估学生的综合能力和课程的教学效果。教师应根据评估结果和学生的反馈，及时调整课程内容和教学方法。这包括更新教材和学习资源、调整教学计划、改进课堂活动等。有效的反馈循环机制能够确保课程内容和教学方法与学生的实际需求和社会的发展保持一致，从而提升教学质量和学生的学习体验。鼓励学生对自己的学习过程进行反思和自我评估，能够帮助他们认识到自己的优点和不足，从而制定改进措施。同伴评估则通过学生之间的互评，提供多角度的反馈，有助于增强学生的学习主动性和合作能力。利用数据分析工具来分析评估结果和反馈信息，也能提升课程优化的效率。通过对学生的学习数据进行统计和分析，教师可以识别出学生在学习过程中遇到困难的普遍趋势、课程内容的薄弱环节，以及教学方法的有效性，从而进行有针对性的改进。

第二节　融入传统文化的课程设计方法

一、职业院校传统文化校本教材建设背景

文化底蕴是锤炼和凝聚的一些基本思想、价值观和思维方式的升华，对一个人整体素质的提升和发展起着重要作用。职业院校学生普遍注重专业技能而缺乏人文知识，这必然会影响他们人格的健全发展，最终导致学生素质的不全面。另外，在经济全球化进程中，各种思潮和文化理念蜂拥而至，这使大学生在短时间内难以准确定位和把握自己，因而出现一些行为错位、道德滑坡等现象。不可否认，在西方文明的冲击下，有部分大学生没有认识到传统文化的重要性，否定和丢弃人文精神，使大量的课余时间在各种娱乐活动中消耗殆尽。这些现象表明大学生缺乏优秀文化的教育和熏陶，造成人文精神的缺失。究其根源，就是我国社会在转型过程中没有很好地承接中国优秀的传统文化。传统的人文精神意指修身养性，注重个人品行的修养，对大学生成长的作用是隐性的。一些人目光短浅、急功近利，看不到传统文化的

长久益处，较少进行甚至放弃对传统文化的学习。在现代社会，如果抛弃了传统文化，不仅割断了文化的脉络，也将使现在的生活变得没有底蕴，人们的精神追求失去了源头活水。因此，在日常生活中提倡谦和礼让无形中可以培养大学生与人和谐相处的处世观，大而言之，也有利于社会的安定。对此，许多有识之士将希望投向了中国传统文化。

作为职业院校的学生，大学期间必须提升文化素养层次，深入学习自己民族文化的精华和根脉，陶养心性，通古博今，袭承中华文化精神，将其作为人生底蕴和成长底色，扎下深厚的人生根基，让传统文化博大精深的文化内涵和深厚学养，成为最丰厚的文化精神土壤。一方面，职业院校学生要注重道德修养，注重文化底蕴，认真学习中国传统文化的思想精髓和精神实质；另一方面，在继承的基础上实现文化创新更为重要。要大力弘扬以爱国主义为核心的民族精神和以改革创新为核心的时代精神，深入挖掘和阐发中华优秀传统文化讲仁爱、重民本、守诚信、崇正义、尚和合、求大同的时代价值，要将传统文化中最优秀的道德传统和人文精神移植到这个多元的新时代并激活，用传统精神重塑当代价值体系，在当代文化精神中追寻传统精神，将传统和现代精神有机融合，开创健康崭新的社会风尚。

二、职业院校传统文化校本教材建设实施

传统文化教育作为一项综合系统工程，在职业领域的推行必将是一场艰巨持久的教育硬仗，要做好整体规划、分层设计、有机衔接、系统推进。积极发挥职业院校课堂的主渠道作用，开发和建设适合职业院校的传统文化校本教材；在职业院校课程和教材体系中添设优秀传统文化内容；打造一支文化功底深厚的教师骨干队伍；营造校园传统文化氛围熏染陶养学生；建立丰富开放的传统德育教育传播网络；建构传统文化传承创新体系，在职业院校逐渐形成一种潜移默化的文化惯性和文化引力，使传统文化教育蔚然成风。

（一）职业院校传统文化校本教材建设分析

传统文化强调道德、精神的教化与传播，职业院校要尝试结合专业特色，为职业院校学生量身定制教材书籍，编写职业文化教材，既要使学生了解中国传统文化精髓，也要将专业教育与传统文化教育相结合，将职业能力和职业道德、职业综合素养相结合，使教学更具有浓厚的人文气息。同时，在传统文化体系建设中，要遵循理性教育和生命教育相结合的理念。在强调传统文化入教材的同时，也要注重让校园文化生活充满传统文化的元素和意境，使学生在传统文化语境、传统文化方式中，潜移默化地接受传统文化的熏陶。

职业院校可组建专门的课题组，对职业院校传统文化校本教材建设进行分析研究，对相关资料及教材建设的理论研究和实践研究的文献进行广泛的收集，再对资料进行纵向比较和横向比较，对不同地区、不同时间开发的传统文化教材进行分析借鉴，整理确定研究的范围，总结出综合利用地方资源和专业特色开发职业院校校本教材的优势及其所具有的独特作用与价值，形成传统文化校本教材建设的理论依据。

在此基础上，课题组应进一步进行职业院校传统文化教育分析与思考，包括从强化个人道德修养、积淀深厚文化底蕴、提高学生人文素质等方面阐释传统文化教育的重要意义，分析职业院校传统文化教育急需改变的现状，从文化课程的培养目标和定位、加强传统文化教材建设、积极建设传统文化教育课程体系、改进传统文化教学方法等方面提出一些职业院校传统文化教育举措；对大学传统文化困境进行探析；思考如何进行中华优秀传统文化教育与大学语文课程建设；对职业院校传统文化校本教材建设的思考包括：职业院校传统文化校本教材建设的依据，如理论依据、传统文化教材建设现状依据；编写职业院校传统文化校本教材的现实意义；职业院校传统文化校本教材的编写思路等。

（二）职业院校传统文化校本教材内容编写

以编者所在职业院校及其所在地山西省为例，要想在职业院校有效开展中华优秀传统文化教育，还应该结合山西当地深厚的文化资源，突出职业院校文化特色，以开发传统文化教育的校本课程为主题，编写出能够通过课堂教学对学生进行整个中华优秀传统文化经典教育的校本教材，然后结合第二课堂组织丰富多彩的经典诵读教育活动等形式，切实启发学生继承和发扬我国的优秀文化。以弘扬爱国主义精神为核心，以家国情怀教育、社会关爱教育和人格修养教育为重点，着力完善青年学生的道德品质，培育理想人格，提升政治素养，执行学校人才培养计划和方案，结合学校专业特色，开设中国传统文化课程，深入挖掘和阐发中华优秀传统文化讲仁爱、重民本、守诚信、崇正义、尚和合、求大同的时代价值，研究教材教法，从核心思想理念、中华传统美德、中华人文精神等内容入手，采取主题单元的结构，分模块编排章节，包括中国传统文化概述、中国传统文化的奠基、星光熠熠的古代文学、天人合一的建筑文化、食不厌精的饮食文化、规矩人伦的礼仪文化、山西优秀传统文化（包括独具魅力的晋商文化、山西成语故事、山西人物故事、山西民俗风物等）。每一章根据主题精选内容，以阐释为主，辅以相关文章或人物故事为载体，选择传统文化中对学生的三观有直接指导作用的点入手，如儒家传统道德仁爱孝悌、诚信知报等，建筑文化如宫廷建筑、园林建筑、民居建筑、宗教建筑等，礼仪文化如传统五仪、人生礼仪、节庆礼仪等，饮食文化如茶文化、酒文化等，关注现实、崇德尚善的古代文学、社会主义核心价值观等多个层次和方面，阐释中国传统文化的基本精神，既体现我国传统文化的丰富性和体系性，又兼顾学校人才培养目标和文化特色及山西地域文化，让传统文化与现实生活连接，实现文化环境浸润人心。

每一模块包括主题探讨、经典欣赏、素质拓展、实践活动等内容，有序呈现中华优秀传统文化的历史渊源、发展脉络、基本走向，渗透中华文化的独特创造、价值理念和鲜明特色。让学生能以不同的形式触及传统文化的深邃世界，感受传统文化的丰富内涵与博大精深，有效地促进学生心智的拓展、品性的陶冶、人格的和谐。

其中，经典欣赏选取一些契合主题的经典文献，文献自身是传统文化的有机组成部分，也是传统文化的重要载体，还可以给学生提供一个有意义的文化场景，使学生能更加贴近文化传统。同时，选取一些相关的既有充实的文化内涵，又具有晓畅雅致文采的现代散文、诗歌等，更准确、全面地阐释本单元的文化主题，并将中国传统的人文精神和现代社会的人、物、事、情、理相结合，对传统文化进行梳理，萃取精华，提炼出符合当今时代的思想观点，作出当代性的阐释，表现出传统文化在现当代的传承。

教材中的“素质拓展”部分连接古今相关的文化知识，衔接当今社会的时事热点，辅以思考或讨论题，给出建议阅读的书籍或文章，设置“知识链接”“拓展阅读”“思考题”“实践锻炼”等多个环节，注重文化精神的理解和运用，启发学生探讨和实践的兴趣，引导他们通过亲自查阅、动脑思考等自主学习和探究方式深入理解和体味主题文化观念，培养学生的文化主体意识和文化创新意识，增强学生传承和弘扬中华优秀传统文化的责任感和使命感，使传统文化的精神内涵和魅力通过具体的实践活动生动展现，加深对传统文化的了解，使他们在潜移默化中得到文化素质、人格修养上的提升，为培养其和谐人格提供一个依据，使传统文化的精髓和优秀的人文精神深入学生心灵，成为其人格精神的一部分。

三、融入传统文化的课程设计方法

（一）打造高素质师资队伍

教师在职业教育中的作用至关重要，尤其是在将优秀传统文化融入教学的过程中。建立一支高素质的师资队伍是实现这一目标的前提。需要进行系统的教师培训。这包括建立专门的培训平台，运用信息化技术创建网络体系，以现代化手段将传统文化教学内容呈现给教师。培训形式应当多样化，包括线上课程、现场讲座和互动研讨等，以充分挖掘各种培训资源，并通过先进的培训方法增强培训效果。培训应结合校内和校外资源，为教师提供更广泛的传统文化接触机会。组织“传统文化节”等活动，能够激发教师的参与热情，从而全方位提升其传统文化素养。在培训的过程中，除了提供传统文化的基本知识外，还应加强对传统文化应用的实际操作技能培训。这可以包括对传统文化在职业技能中的具体应用进行讲解和实践，例如如何将传统工艺元素融入现代设计中，或如何在教学中有效融入传统文化的价值观和理念。通过这种全面的培训，教师不仅能够掌握传统文化的理论知识，还能够实际运用这些知识，提升教学质量。现有的评估机制中涵盖了众多效能指标，但还需科学调整各指标的占比，尤其是增加素质指标的内容。评估方式应当综合个人评估与整体评估、动态评估与静态评估，以确保评估结果的全面性和准确性。在评估传统文化融入职业教育的效果时，需要把握教师的现有能力和实际接受程度，深入考察传统文化对教学质量的实际影响。评估应关注教师在传统文化教学中的表现，包括他们对传统文化内容的掌握程度、教学方法的创新性以及学生对传统文化的接受情况。评估还应包括对培训效果的跟踪调查，通过收集反馈意见和教学效果数据，及时调整和优化培训方案。同时，评估机制还应当调动多方力量，包括教育管理部门、行业专家和教师本人，共同参与评估和改进过程，以确保评估的全面性和科学性。通过这些措施，能够有效提升职业教育中的传统文化教学质量，促进教师专业发展的同时，也推动传统文化在职业教育中的深入融合。

（二）将第一课堂与第二课堂有机结合

1.在学科教育中彰显传统文化教育的价值

各学校可以根据学生的认知特点和成长规律来优化教材内容。通过总结多年来优秀传统文化的精髓内容，挖掘其历史底蕴，编撰具有价值的传统文化资料。这些教材不仅应体现中国特色，还要满足学生的成长需求，使他们在学习过程中能够深入理解和吸收传统文化的精髓。教材的编撰应着眼于将传统文化的核心价值观融入课程中，使其成为学生学习的重要组成部分。在课程中结合传统文化的历史内涵与时代精神，并融入各学科的教学中。根据不同学科的特点，选择适合的融入方式，不仅要注重教学内容的融入，还要关注教学方法的创新。应当提升教学的针对性和趣味性，通过自主讨论、专题讲授等方式，增强学生的参与感和认同感。例如，可以通过组织学生讨论传统文化专著和理论，分析传统文化与职业教育的共同点，进一步提高教学效果。考虑到每个学生对传统文化的理解和需求不同，高校应提供多样化的学习资源包，鼓励学生自主探究和开展合作学习，以满足不同学生的需求。在现有课程中融入优秀传统文化，如在英语、语文、体育等课程中增加相关内容，能够让学生在多个领域接受传统文化的熏陶。同时，可以设立传统文化的专题选修课程，为对传统文化感兴趣的学生提供更多学习机会。这不仅有助于学生全面了解传统文化，还能在学校内部建立起对传统文化的深厚根基。教师在课堂上应积极融入传统文化，同时在日常行为中发挥榜样作用，潜移默化地影响学生。教师的个人风范和学识对于学生的影响深远，因此教师应不断提高自身的教学能力和文化素养。通过深入理解和传播优秀传统文化，教师能够以自身的行为和态度成为学生学习传统文化的榜样，真正做到“学为人师、行为世范”。

2.借助校外文化活动加深学生体验

第二课堂作为第一课堂的延续和补充，不仅为学生的个性化发展提供了广阔的平台，而且其教育效果通常超越了传统课堂教学的范围。与传统课堂不同，第二课堂不受时间和空间的限制，活动形式多样，涵盖校内、家庭、社会、室内与室外等多个领域。这种灵活多变的教育模式能够更好地挖掘和传承传统文化精髓，为学生提供了丰富的学习和成长机会。

我国是一个多民族国家，可以组织多种形式的校园文化活动，展示不同民族的风俗习惯和文化特色。通过举办民族文化节、民族传统工艺展示、民族风俗讲座等活动，让学生在这些活动中亲身体验和感受不同民族的文化魅力。这不仅可以帮助学生深入了解各民族文化的独特性，还能提升他们对民族文化的兼容性和丰富性的认识，从而增强其民族自豪感和自信心。在传统文化节日期间，应积极组织丰富的实践活动，推动学生走出校园，深入社会，实际体验传统文化的魅力。例如，可以组织学生参与社区文化活动，重现中华文化的魅力与精神，展示传统节日的独特氛围。带领学生参观古代历史博物馆、文化馆等机构，或利用现代技术组织“云参观”，使学生能够通过互联网了解和学习传统文化。活动结束后，引导学生通过写作、演讲、展览等形式表达体会，进一步增强教育活动的实际效果和深远影响。组织各类丰富多彩的校园文化活动，如传统节日庆祝活动、文化知识竞赛、传统艺术表演等。利用学校广播站、学报、校报以及校园网络等平台，广泛宣传和展示传统文化。在传统节日如端午节、中秋节、重阳节等时，通过组织相关活动，让学生在实际参与中感受传统文化的精神内涵，并在此过程中引导学生树立正确的价值观和人生观，使传统文化的精髓在校园内深深扎根。可以通过设立以传统文化为主题的社团，如古代戏曲社团、古代文学社团、传统工艺社团等，鼓励学生在社团活动中学习和传播传统文化。尽管社团活动形式较为自由，但对学生的影响深远，可以显著提升学生的道德品性和团队合作能力。社团活动应注重发挥学生干部的示范作用，通过组织丰富的活动、讲座和交流，带动全体成员一起学习和继承传统文化。这不仅能够增强社团的凝聚力，还能让学生在社团中获得更为深入和实际的文化体验。

（三）尽可能发挥信息技术2.0的作用

在“互联网+”时代，信息技术2.0的广泛应用为文化传播提供了前所未有的丰富手段。在教育领域，这一技术进步不仅提升了职业教育的效率，还为传统文化的传播和融合创造了新的机会。为了充分发挥信息技术的优势，使优秀传统文化与职业教育更好地结合，要求教育机构紧跟信息技术的发展步伐，在学校官网和微信公众号等平台中增设关于“中华优秀传统文化”的专题板块。这些板块应结合趣味性和知识性设计，例如推出线上讲座、互动问答、文化知识竞赛等活动。这不仅能够吸引学生的关注，还能激发他们的学习兴趣。平台上可以定期更新与优秀传统文化相关的文字、音像作品、历史文献等资源，使学生能够在课外时间自主学习和探索传统文化的精髓。利用信息技术可以举办虚拟讲座和网络研讨会，让学生能够方便地参与到传统文化的学习中，扩展他们的文化视野。信息技术2.0的应用使得传统文化与职业教育的结合不再局限于传统的线下活动，而是可以通过线上与线下的混合模式进行。这种模式可以有效地整合技术与文化，发挥它们的相互优势。例如，可以通过线上平台举办传统文化的虚拟展览或模拟体验活动，同时组织线下的文化节、工作坊等实践活动。这种线上线下的结合不仅提升了学生对传统文化的参与感，还能够让他们通过不同的渠道感受到传统文化的魅力。教育机构还可以与相关组织、企业和文化机构合作，策划线上传统文化实践活动，如虚拟古迹参观、在线文化讲座等，鼓励学生分享他们的学习心得和体验，从而增强对传统文化的认知和理解。要对传统文化与职业教育结合的成果进行科学评估，需要构建一个大数据平台，进行全面、全程化的教学评价。这种评价机制应包括对学生学习情况的实时监控，通过分析学生的学习轨迹、思想动态和学习进程，及时发现并解决问题。平台应当为每位学生建立详细的学习档案，并设置阶段性考评体系，以便跟踪和掌握学生的学习动态。这种数据驱动的评价方式不仅能够提供有针对性的反馈，还能够帮助教育机构及时调整教学策略，提高教学效果。通过大数据分析，可以更好地理解学生在传统文化学习中的需求和挑战，从而优化课程设计和教学方法，使传统文化教育更具实效性和针对性。

（四）营造促进传统文化传承的育人环境

老子曾经提到："执古之道，以御今之有，能知古始，是谓道纪。"这句话深刻地揭示了传统文化的重要性，即在面对现代问题时，从古代的智慧和经验中获取启示，以实现对现状的有效管理。优秀传统文化中蕴含的深厚哲学智慧、家国理念以及丰富的思想体系，对于当代社会的进步和发展具有不可忽视的借鉴意义。为此，促进优秀传统文化与职业教育的结合，不仅需要学校的积极推动，还应当营造出促进传统文化传承的综合育人环境，将家庭、社会和教育系统的力量整合起来，共同支持传统文化的弘扬与实践。

家庭教育不仅在塑造个人品德方面发挥着关键作用，其影响力往往远超学校教育。传统文化中的“忠孝”“礼仪”等思想，源自家庭教育的熏陶和实践。因此，家庭应主动承担起这一重任，通过营造良好的家庭环境和行为规范，将优秀传统文化的核心理念传递给子女。家长可以通过讲述传统文化故事、分享经典的家训和教诲以及践行传统美德等方式，使学生在日常生活中自然地吸收和理解这些文化价值。良好的家风和家庭习惯不仅有助于培养学生的道德品格，还能够与学校的职业教育形成有效的互补，增强传统文化教育的整体效果。例如，家长可以参与到学校组织的文化活动中，通过与教师和其他家长的互动，共同促进学生对传统文化的深入理解和实践。学校应在明确教育目标的基础上，注重学生的职业技能培养和人格发展，并将传统文化的教育融入课程和校园生活中。社会教育则可以通过社区活动、文化展览、公共讲座等形式，提供丰富的传统文化体验和实践机会，扩大学生的文化视野。社会各界组织和文化机构也应积极参与，支持和组织传统文化的传播与教育活动。这种方式可以形成家庭、学校和社会的协同作用，为学生营造出一个全面的传统文化育人环境。还需要建立和扩大专门的传统文化教育阵地和丰富相关资源。例如，在社区和学校内设置专门的文化展示区、资料室和活动中心，通过这些平台展示传统文化的精髓和价值。可以组织各种传统文化的专题讲座、体验活动和研讨会，邀请专家学者和传统工艺大师与学生互动，增强他们对传统文化的认知和兴趣。定期举办传统节日的庆祝活动，让学生亲身体验传统习俗和文化仪式，从而更深入地理解传统文化的意义和魅力。

第三节　课程设计的评价与反馈机制

一、课程设计的评价机制

（一）职业教育评价的发展历程与内容呈现

1.职业教育评价的发展历程与演进规律

教育是国家发展的基石，职业教育改革的不断推进使得职业教育评价体系的建设和功能发挥日益重要。职业教育评价不仅推动了职业教育改革的进程，还确保了政策规划的有效落实。根据国务院发布的《国家职业教育改革实施方案》，要建立健全职业教育质量评价和督导评估制度，关注学习者的职业道德、技术技能水平和就业质量，同时注重产教融合和校企合作水平的提升。这一方案提出了以这些核心指标为基础构建职业教育质量评价体系的目标，旨在促进职业教育的高质量发展。

紧接着，《职业教育提质培优行动计划（2020—2023年）》也强调了高质量发展的重要性，并提出要完善办学质量评价和监管机制。这一计划明确了政府、行业企业、学校和社会各界的多方参与，以确保评价的全面性和公正性。《深化新时代教育评价改革总体方案》进一步明确了以立德树人为根本任务，充分利用职业学校和职业院校的教育资源和行业技能优势，推动行业企业参与评价，加强职业培训和服务区域及行业的评价权重。近年来，国内外学界对新时代职业教育评价改革的理论发展、政策需求、顶层设计、发展趋势及实施路径进行了广泛深入的研究，并结合教学实践进行了多重探索。这些研究为职业教育评价提供了理论基础和实践经验。在广义上，教育评价涉及对教育领域中相关人员、事物、制度和观念的价值评判，或将其视为检验教育事业发展成效的工具，教育评价的开展体现了评价的应然性价值与教育活动的实际状态之间的博弈。职业教育评价作为现代教育体系中的具体表现，基于行业特点和专业标准，通过系统收集、分析和综合诠释进行系统评价。它科学地说明了职业教育长期发展的主要特征和行为特点，并对职业教育工作的实践基础进行价值评判和效果反馈。通过这种评价，能够提升职业教育整体决策布局的科学性和可行性，同时指导和调整职业教育各领域的实践活动并引领发展趋势，推进职业教育改革与创新。因此，职业教育评价必须始终遵循教育宗旨，不断提升教育质量，以促进教育公平和改善职业教育的现代化治理绩效。

2.职业教育评价的内涵呈现

职业教育评价的内涵涉及其本质特性和现实化工具属性，体现为具有实践价值的多元化评价系统。这一系统由各行业和层级的纵向与横向两个维度的评价主体组成。在纵向结构中，职业教育评价形成从顶层设计到基础教学单位的复杂系统结构。这包括从国家决策层到省、市、地方各类职业院校，最终到每一名教师和学生的多层级、多主体参与，确保从宏观到微观的评价链条完整而连贯。每个环节在这一体系链上都构成职业教育评价的生成力量，并形成层层关联的整体性联动机制，从而确保评价的系统性和有效性。

从横向维度来看，职业教育评价涉及不同类别的评价主体和指标，包括各种具体化的指标。这些指标的评价结果适用于不同的教育用途和行业类别。这种横向评价体系涵盖了多样化的评价主体和指标，确保了评价的全面性和针对性，使得不同类别的评价可以相互补充，形成有效的评价网络，符合不同教育需求和行业特点。职业教育评价的现状可以分为三种主要类型。第一种是基于考试的职业教育评价，这种评价主要用于考核教育对象在学习过程中的成效和知识积累，包括校内的课堂评价和教学质量考评。它通常围绕相对具体的目标设置，涉及教师和学生的共同参与，具有广泛的覆盖面、全面的内容和精细的分类。常见的形式包括单独招生考试和职业分类考试等。第二种是基于柔性考核的职业教育评价。这类评价一般不直接对应具体的人才培养指导，而是用于鉴定、考查和调控职业院校教职工的绩效和教学任务的落实情况，主要集中于教师的职业能力和专业技能的评估。它反映在职业院校的专业技术人员绩效考评和年度述评考核中，对教师行为的工作绩效分配体系建设具有响应作用，并帮助调整和优化教学管理。第三种是以专业评估、质量检查和在线考评等形式展开的职业教育评价。这类评价适用于整个职业教育系统，包括职业教育基础性政策的制定和实施以及各项职业技能教育计划和考评项目的年度安排与推进。它由各级政府主管部门牵头组织，第三方机构通过数据采集和资源整理形成评价报告，确保了职业教育的系统性和规范性，为职业教育的质量保障提供了有力支持。

（二）当前职业教育评价的实然样态和存在的困惑

随着经济社会的不断发展，新兴行业的职业要求和人才培养目标对职业教育提出了新的挑战。这不仅涉及教学安排、专业设置和教学体系的创新，还意味着职业教育评价机制需要不断升级和调整，以适应这些变化。然而，现有的职业教育评价体系主要以总结性评价为主，这种评价方式虽然在一定程度上能够保证教学质量的整体提高，但其局限性也日益显现。

总结性评价的核心目的是评测教育目标和任务的完成情况，通常关注教育过程的结果而非过程中的动态变化。这种评价方式虽然能提供对整体教学质量的把握，但缺乏对职业教育快速发展的适应能力。尤其在职业教育快速变化的环境下，总结性评价往往无法准确反映评价对象的差异性和特殊需求，容易导致标准化和“一刀切”的问题。这种局限性不仅限制了评价的深度，也影响了教育的精准性和针对性。许多职业教育评价内容仍停留在总结阶段，侧重于对现有工作的诊断和鉴定，缺乏前瞻性的评价和功能提升的内容。这种情况导致职业教育评价的功能未能得到充分发挥，尤其是在促进教师和学生的积极参与和反馈方面表现不足。一方面，现有的评价体系和配套机制尚未建立健全，难以支持职业教育的全面改革和创新；另一方面，社会对职业教育的认可度和科学的职业教育发展观尚未完全形成，这也影响了评价机制的有效性。近年来，虽然一些地方和院校开始尝试基于全新的信息技术平台进行职业教育评价，但这些评价大多数仍停留在信息收集层面，未能真正实现评价的科学性、智慧性和动态性。信息技术的应用虽然提供了新的工具和手段，但如果没有相应的评价体系和机制支持，这些工具和手段的作用也难以充分发挥。必须对当前职业教育评价的实际状况和存在的问题进行深入分析，找到解决的路径和方法。这包括构建更加全面和动态的评价体系，能够适应职业教育快速发展的节奏，提高评价的科学性和实用性，从而推动职业教育质量的提升和改革创新。在这过程中，需要结合实际情况，不断完善评价机制，确保评价能够真实反映教育过程中的各种动态因素，并能够有效促进职业教育的持续改进和发展。

1.总结性评价占据主要地位，发展性评价不足

长期以来，我国职业教育评价一直沿袭传统的普通教育体制下的评价体系模式，多数以总结性评价为主，尤其在评价政策和机制、评价内容和标准、评价效果反馈与改良等环节上尤为明显。目前，随着职业教育的不断发展，这种评价体系的局限性也日益显现。从2006年至2020年，我国职业教育先后进行了四次全国性职业教育评选活动，包括示范性职业院校建设、骨干职业院校建设、优质职业院校和“双高计划”院校建设等，旨在遴选一批办学质量高、特色突出的职业院校进行重点建设。这些遴选工作虽然在一定程度上推动了职业教育的发展，但评价标准与指标设定均完全以遴选建设标准为基准，更多的是针对承担的改革建设项目进行达标评价和总结评价。总结性和鉴定性评价在职业教育发展过程中确实起到了很好的示范引领作用，尤其在评估教育目标和建设任务方面取得了较好的成效，也在一定程度上支持了重点建设职业院校的内涵发展。然而，这种评价体系也存在显著的局限性。它往往注重宏观层面的评价，在重视整体建设的同时，容易忽视个性化和特殊性的评价，导致“抓大放小”的现象。以重点内容为主的评价方式，容易形成“一刀切”的情况，使得评价停留在总结和鉴定层面，评价功能的发挥也受到相当大的限制。职业教育评价如果仅停留在总结性和鉴定性层面，难以充分发挥其促进师生素质提升和学校内涵建设发展的重要作用。职

业教育作为一项动态发展的教育形式，需根据社会需求和产业变化不断调整和改进。

2.评价主体单一化，缺乏多元性深度评价

目前，国内职业教育评价涵盖了办学水平、教育能力、教学条件、职业特性等多个方面的内容。主要包括示范性职业院校、骨干职业院校、优质职业院校和“双高计划”建设院校的遴选。这些评价多涉及示范性职业院校、骨干职业院校、优质职业院校和“双高计划”建设院校的遴选。还有对教学能力的单一性评价和考核，包括职业教育教师资格考试、学生技能竞赛、全国职业院校技能大赛和各行业教指委主办的教学能力比赛等。这些教育评价的主体明确、职能单一，因此在评价主体划定方面也趋于单一化。特别是这些评价的组织和实施主体更加简单，往往是上级主管部门，包括教育部（含各行业教指委）、各地教育厅和教育局或人社部门。然而，随着职业教育改革“管办评分离”的深入推进，在政府服务职能不断增强的同时，职业院校的社会服务职能也在不断提升，这就需要引入更多元化的评价主体。例如，2019年1月，教育部根据行业需求在全国职业院校启动“1+X”证书制度试点工作，这是对学生评价模式的重大突破。为了更好地推进这项试点工作，教育部门遴选了100余家职业教育培训评价组织和行业企业参与评价，促进了职业教育第三方评价的参与。就目前整体态势而言，第三方评价仍然处于初探阶段，尚未形成机制化、规模化和市场化的形势。由于职业教育评价主体的利益相关者相对复杂，使得许多企业、院校和学生在相应的评价中缺少话语权。而能够参与评估的第三方评价机构的整体水平和评价能力也还无法满足市场需求，其功能发挥还有很大的上升空间。

3.评价机制趋于形式化，实质性功能严重弱化

从根本上说，教育评价的实质功能在于反映评价对象的显著特征和主要教学价值，以及相应的办学能力和技能水平，以此运用评价手段促进评价对象不断提升能力，改善不足之处。目前，从国内职业教育评价的整体情况来看，机构数量繁多、类型多样而庞杂，但实质性差异很小，对职业教育质量

提升的效果随着职业教育的大发展也显得愈加不足。目前的职业教育评价主要包括对学生学习能力和技能水平的评价、对一定地区职业院校办学能力水平的评价、对区域化职业教育技能的竞赛性评价等。这些评价体系和活动数量多、主题繁杂、平台多样，各平台之间由于利益原因互不匹配，导致被评价单位和主体尤其是职业学校对于各种评估疲于应对，难以真正以评促改、以评促建，提升教育教学水平。这说明，目前国内的职业教育评价机制多数陷入了“重形式、轻实质”的深坑，难以真正反映出评价的科学功能。过分形式化的职业教育评价往往导致对教育质量本身的忽视，反而使人们仅关注于指标体系的完成情况，无法深入到职业教育人才培养的核心环节中。当前，国内职业教育评价机制存在的主要问题有以下几个方面：

评价机构和类型繁多但效果不足，尽管有众多机构参与职业教育评价，类型也多种多样，但其在提升职业教育质量方面的实际效果却相对有限。

评价的同质化现象严重，缺乏真正有针对性的、能够推动职业教育实际改进的评价机制。

评价内容和形式过于片面，现有的职业教育评价体系多集中于学生的学习能力和技能水平的评估，以及职业院校办学能力的考核。然而，这些评价往往侧重于表面的成绩和数据，忽视了对学生综合素质、职业道德和创新能力的培养。

平台多样但缺乏协调性。各类职业教育评价平台众多，但由于利益驱动，平台之间缺乏有效的协调和统一标准，导致职业学校在应对各种评价时感到疲惫，无法专注于教育教学的实际改进。

重形式轻实质，过于形式化的评价机制，使得评价过程流于形式，缺乏实质性的改进建议和反馈，无法真正推动职业教育的内涵式发展。

4.评价手段滞后，现代技术介入较少

职业教育在信息化和媒体化发展方面取得了显著进展，但当前的职业教育评价体系仍旧沿袭传统的评价模式，过分依赖于人工审核、现场考查和纸质材料审核，与现代职业教育的发展实际严重脱节。职业院校为了应对这种评价模式，不得不回归纸面化和形式化的材料整理工作，一旦评价完成，这些材料便失去价值，无法继续推动学校的改进。传统的专家主导型评价手段往往体现出专家的主观意志，难以真正检测职业院校的教育教学质量。单一化的评价主管方和利益相关者，使得社会整体缺乏职业教育发展观和人才培养观。现代信息技术在评价中的应用因缺乏官方权威监管机制，难以得到充分应用，存在信息安全性低、数据外溢和指标可靠性不足等问题。目前，职业教育评价的信息化、数据化、智能化发展还面临诸多挑战。职业教育评价过程中，评价机构数量繁多、类型多样但实质性差异小，对职业教育质量提升效果不足。现有评价体系过于注重学生学习能力和技能水平的评价、区域职业院校办学能力的评价和技能竞赛的评价，评价数量大、主题乱、平台多，各平台之间因利益原因互不匹配，被评价单位疲于应对，难以真正提升教育教学水平。

（三）深化新时代职业教育评价改革的实践探索

深化新时代职业教育评价改革的实践探索集中体现为紧扣校企融合的双元内核，聚焦于新时代职业教育评价改革的职业性导向和职业教育评价内容体系、办法体系的构建及其基本要素，特别是关注政府管理、学校办学、教师教育教学、学生学习、企业服务教育与社会用人单位选人、用人等方面的评价内容。从顶层设计、政策导向、理论提升、体系完善、保障强化等诸方面提出深化职业教育评价体系改革的有效路径。

1.创新评价生态模式和质量考核理念

总体方案提出的四个评价标准是新时代职业教育评价改革的关键性指标。这些标准的突破将带来机构和理念的创新改革，进而推动职业教育评价链条上的所有节点进行调整和自我革新。职业教育评价的真正实质应回归到以评促建的方向，使职业教育在评价考核中不断提升教学质量和改善教学效果，为国家经济社会发展和中国式现代化建设提供高素质技术技能人才。

要建立与类型特征和行业企业需求相适应的职业教育评价体系，首先必须完成评价理念上的突破和创新，以全新的评价观念促进良性评价生态的构建。这包括推动职业教育各利益相关主体积极参与评价体系的标准建设、内容设定和效果反馈，形成真正的评价互动机制。具体来说，一是以德技双修为宗旨，重点评价学生的职业技能、职业精神和职业道德操守，特别是将工匠精神作为评价的关键考核内容；二是以动态发展的观念进行评价，实现对评价对象成长全过程和评价内容的动态跟踪，考核方式应注重学生能力的展示和效果反馈，而不仅仅依赖于专家打分和材料审核；三是回归教育本质，重点评价职业院校办学质量、学校师生素质培养能力等，改变过分技能化的倾向，充分发挥职业教育的行业实践育人特性，尊重职业教育发展和技术技能人才培养规律，全面长期客观地进行评价，以确保评价的教育导向、能力鉴定和过程监控功能的实现。

2.提升评价机构综合系统的评价能力

评价改革的落地关键在于评价实施方的观念转变和能力提升。针对目前评价主体单一化的问题，需要构建一个多元共融的职业教育评价体系。要培养一批真正懂技术、知专业、具备能力的职业教育评价专家队伍。这需要打破传统模式下的固化专家评聘制，实施流动化、开放式的专家进出机制，从多个渠道广泛选取各类专家充实评价考核专家队伍，特别是要注重引入信息技术能力强的专家，使其能够真正参与评价的全过程，考查职业教育中的信息化水平和学生现代技术运用能力。总体方案从宏观上提出了充实职业教育人才的新要求。一方面，要加强职业教育评价学科的建设，扩大高校系统培养职业教育评价专业人才的规模；另一方面，要建设具有世界水准的职业教育专业评价机构。当前，仅依靠已有的评价机构远远不能满足职业教育大发展的评价需求，因此必须考虑多方引入第三方评价机构和社会评价力量。同时，打破既有主管单位的人才限制，采用更加灵活的形式，扩大人才专家库的容量。为了确保机制改革的成功，需要从国家层面系统规划和建设职业教育专业评价机构，并带动地方作出相应的调整和进行增建。通过技术引进、校企共建、第三方介入等配套形式，推进职业教育评价的创新实践探索。

3.健全评价治理联动一体机制

在当前职业教育大发展中，建立职业教育评价的联动一体机制显得尤为重要。这一机制的建立旨在治理质量管理中的各种乱象，并发挥评价的多方合力治理功能。需要建立健全系统化、体系化的职业教育评价标准。这包括从职业院校整体办学能力的建设评价标准，到各专业教学能力评价和学生技能水平评价的细化和量化标准。目前，虽然国内职业教育国家教学标准体系框架已初步建成，但各地方、各行业及类别下的细化标准和指标体系仍较为混乱，特别是教育部所属各行业教学指导委员会的评价标准与国家统一化考评标准差异较大。这种差异在很大程度上困扰了职业教育的推进和职业院校的发展，使得职业院校难以在稳定的路径上前行。要加强职业教育评价的规范化和法制化建设。当前，职业教育评价中存在的一个空白点是相关的法律法规不足。应逐步推进职业教育评价的法律法规建设，实现评价从主观性为主向指标化和法制化的转变。这有助于明确评价各方的权责关系和法律规范要求，从而消解当前评价活动中的不规范行为和乱象。构建内外共诊的联动评价机制是关键。这意味着要充分发挥社会资源和第三方机构的优势，推动受评职业院校和校内师生积极参与评价后期的诊改和自我提升过程。通过完善内部质量保障体系，使校内的自评、自诊、自改、自促成为质量提升的常态，从根本上实现以评促建的评价初衷，并真正体现职业教育评价的科学性。

二、课程设计的反馈机制

（一）学员反馈

1.定期调查和评估

通过问卷调查、访谈或讨论小组等方式收集学员对课程内容、教学方法和实操环节的意见，可以为课程的优化和改进提供有价值的反馈。这些反馈机制分别具有不同的优势，可以全面了解学员的学习体验和需求，从而提升课程质量。调查问卷中的选择题可以帮助收集量化的数据，例如学员对课程难度的感受、教学方法的满意度等。而开放性问题则允许学员自由表达他们的看法和建议，从而提供更详细的意见。通过分析问卷结果，教育者可以识别出课程中的优点和不足，进而根据反馈进行有针对性的改进。在访谈过程中，教育者可以探讨学员对课程内容的理解程度、教学方法的有效性以及实操环节的实际应用情况。访谈能够揭示出学员在学习过程中遇到的困难和挑战，以及他们对课程改进的具体建议，从而帮助教育者调整课程设计和教学策略，以更好地满足学员的需求。讨论小组则是一种促进学员互动的反馈机制，通过小组讨论可以收集集体意见。小组讨论能够促进学员之间的交流和分享，使他们能够集体探讨课程中的问题和改进方向。讨论小组的反馈通常能够反映出课程设计中的普遍问题和改进建议，通过集体智慧可以获得更全面的意见和解决方案。小组讨论还能够增强学员的参与感和归属感，提高他们对课程的投入度和积极性。

2.即时反馈系统

在课程中设置即时反馈机制，对于提升教学效果和优化学习体验具有重要意义。通过集成各种即时反馈工具，教师能够实时了解学员对课程内容的掌握情况，并根据反馈迅速调整教学策略。这些机制包括在线问答、课堂互动、即时测验以及学习分析工具等，它们共同构建了一个动态的教学环境，使得课程能够根据学员的需求和反应进行实时调整。

在线问答平台允许学员在课程进行时随时提出问题，并能够得到及时的解答。这种方式不仅能够帮助学员解决困惑，还能让教师及时了解学员对课程内容的理解程度。如果学员经常提出类似的问题，教师可以在随后的授课中对这些内容进行更加详细的解释，或者调整讲解的顺序和重点，从而提高教学的针对性和有效性。课堂互动工具，如实时投票和讨论板，也为即时反馈提供了有力的支持。例如，教师可以通过实时投票系统快速了解学员对某个问题的看法或对某个概念的理解。这种方式不仅让教师能即时获取学员的意见，还可以激发他们的参与热情，使其更加积极地参与到课堂讨论中。这种互动机制能够提高课堂的参与度，并使得教师能够根据学员的反馈调整教学内容和方法。通过定期或不定期的测验，教师能够评估学员对课程内容的理解情况。测验形式可以包括选择题、填空题、简答题等，教师可以根据测验结果来判断哪些部分的内容需要进一步讲解或复习。小测验的结果可以帮助教师了解学员的学习进度和掌握情况，从而对教学内容和方法进行调整，以更好地满足学员的学习需求。教师可以通过引导讨论，了解学员的思维过程和观点，从而识别知识掌握的薄弱环节，并针对性地进行补充和讲解。这种方式不仅能够增强学员的批判性思维能力，还能促进他们对知识的深入理解和应用。利用专门的反馈应用程序，学员可以在课堂上实时提交他们的意见和建议。这些应用程序能够实时收集学员的反馈，并提供可视化的数据分析，帮助教师快速识别问题和趋势。教师可以根据这些实时反馈调整教学策略，如改变讲解方式、增加互动环节或调整课程难度，从而提高教学效果。通过实时分析工具监控学员的学习状态，包括参与度、答题准确率和学习进展，教师能够及时了解课程的整体效果。这些工具提供了有关学员学习进展的详细数据，帮助教师识别学员对哪些部分的内容掌握得好，哪些部分需要进一步加强。基于这些数据，教师可以制定有针对性的教学策略，确保每位学员都能在课程中获得最佳的学习效果。

（二）教师反馈

1.教学反思与评估

教师应定期进行教学反思，总结教学中遇到的问题和成功的经验。通过自我评估或与同事讨论，教师可以评估教学效果，识别出教学中的优点和不足。这种反思不仅有助于教师深入理解自己的教学实践，还能为未来的教学改进提供宝贵的见解。

教师可以在课程结束后，回顾课堂的各个环节，包括教学内容的呈现、课堂互动的效果、学员的参与情况等。通过自我评估，教师能够明确哪些教学策略有效，哪些需要改进。例如，教师可以记录下课堂中的互动情况、学员对问题的反馈以及教学目标的达成情况，以便全面评估教学效果。自我评估不仅帮助教师发现问题，还能让教师明确自己的教学优势和成长空间。与同行分享教学经验和遇到的问题，教师能够获得不同的观点和建议。这种讨论可以帮助教师从多个角度看待教学实践，发现自己未曾注意到的问题和改进的机会。教师可以通过定期的教学研讨会、团队合作或一对一的交流，探讨教学中应对挑战和获得成功的策略。这种同行的反馈有助于教师借鉴他人的经验，提升自身的教学能力。教师应记录下那些在课堂上取得积极效果的教学策略和活动，并分析其成功的原因。这不仅有助于教师在未来的课程中重复和扩展这些有效的做法，还能增强教师对自身教学能力的信心。教师可以通过编写教学案例、整理课堂活动的成功经验，形成教学资源库，以备后续参考和分享。基于自我评估和同行反馈，教师需要设定具体的改进目标和实施步骤。这些计划可以包括调整教学方法、促进课堂互动、增加学员参与等方面。通过制订并执行这些改进计划，教师能够不断优化教学过程，提高教学质量，并更好地满足学员的学习需求。定期的教学反思和改进不仅有助于提升教师的教学能力，还能提升学员的学习效果。教师应将反思作为持续改进教学的工具，不断调整和优化自己的教学策略，以实现更高的教学目标和更好的学习成果。

2.同行评审

组织教师之间的评审活动是提升教学质量和促进教师专业发展的有效方式。这种活动可以通过教师们互相观察和评估彼此的课程设计和教学方法，从而获取不同的视角和建议。需要设定明确的评审目标，以确定评审的重点和预期成果。评审的目标可以集中在课程设计、教学方法、课堂管理等方面。

制定一套清晰的评审标准和评价指标是必不可少的。这些标准可以包括课程内容的逻辑性、教学方法的有效性、学员参与度等。标准的制定应与教学目标和学员需求相一致，以确保评审过程的客观性和公正性。应选择具有不同专业背景和教学经验的教师，以提供多角度的评估。安排评审活动时，可以选择在真实课堂中进行观察，或者在模拟课堂或展示课上进行。确保评审活动的安排不干扰正常的教学进度是很重要的。在评审活动结束后，收集教师们的反馈意见，包括课程设计的优点和不足、教学方法的改进建议等。这些反馈可以通过书面报告、口头反馈或讨论会的形式进行。根据收集到的反馈，教师应制订具体的改进计划，涉及调整课程设计、优化教学方法、改进课堂管理等方面。实施改进措施后，需要在后续的教学实践中跟踪改进效果，并根据实际情况进行调整。同时，组织教师分享评审过程中获得的经验和成果，通过教师会议、研讨会或教学工作坊的形式进行交流。这种分享能够建立起一个支持性强的教学社区，促进教学方法的创新和教学质量的提升。通过这种互相观察和评估的评审活动，教师不仅能获得有价值的反馈，还能共同推动教育的进步。

（三）行业反馈

1.企业合作与建议

与相关行业的企业合作，定期获取他们对课程内容和学员技能的反馈，对于确保课程的实际应用价值和培养与行业需求相匹配的技能至关重要。建立和维护良好的企业合作关系是关键。教育机构可以通过与企业建立合作伙伴关系、签订合作协议或成立行业顾问委员会等方式，确保双方在课程设计和实施过程中能够紧密合作。

在实际操作中，教育机构可以定期邀请企业代表参与课程的评审和讨论。这可以通过组织行业座谈会、企业实地考察或设立行业专家顾问团的形式进行。企业代表可以提供关于课程内容的具体建议，指出哪些技能和知识点对行业实际工作特别重要，以及哪些方面的内容需要改进。教育机构还可以通过实习和项目合作的方式，与企业建立更加紧密的联系。在实习过程中，企业可以对学员的表现进行评估，并将这些评价反馈给教育机构。通过这种反馈，教育机构可以了解学员在实际工作环境中的表现，发现课程内容与行业需求之间的差距，从而进行必要的调整和改进。企业也可以参与课程的设计和开发过程，提供实际工作中的案例、技能要求和行业趋势等信息。这可以帮助教育机构确保课程内容紧跟行业发展，避免课程内容的滞后性。企业参与课程设计还可以使课程内容更加实际和实用，从而提升学员的就业竞争力。教育机构应系统化地整理和分析来自企业的反馈，形成改进建议并将其融入课程更新和改进中。这种反馈机制的不断优化能够帮助教育机构更好地响应行业需求，确保课程内容和教学方法始终保持与行业标准的一致性，从而培养出更加适应实际工作的高素质技能人才。

2.就业数据分析

通过系统跟踪毕业生的就业情况和职业发展前景，教育机构可以全面了解课程对学员职业生涯的实际影响，从而进行针对性改进。这个过程涉及多个关键环节。

教育机构应定期收集和更新毕业生的就业数据，包括但不限于就业率、行业分布、薪资水平、职位类型以及职业发展路径。这可以通过多种方式实现，例如在线调查问卷、电话访谈、社交媒体追踪和职业发展服务等。建立校友网络，通过定期举办校友活动、职业发展讲座等形式，也有助于获取和更新毕业生的最新信息。有效的数据收集方法能确保信息的准确性和时效性，为后续分析提供可靠基础。教育机构应系统化地整理和分析这些数据，以评估课程的实际效果。通过对比不同学科、专业领域、行业以及地区的就业情况，教育机构可以识别课程内容和教学方法中的优点和不足。例如，分析发现某些课程领域的毕业生就业率较低或薪资水平不如其他领域，可能表明这些课程内容与市场需求不匹配，需要进行调整。数据分析还可以帮助了解哪些技能和知识对就业市场最为有用，从而优化课程设计，增强课程的实用性和针对性。这些访谈可以提供对有关毕业生在实际工作中遇到的具体挑战和需求的深入见解。例如，毕业生可能会反馈某些课程内容在实际工作中应用的不足，或者在职场上需要更多实践经验。通过这些反馈，教育机构能够更清晰地了解课程中的不足之处，并进行相应的调整。增加实践操作机会、实习项目和行业合作，能够更好地满足市场需求，提高课程的实际应用价值。教育机构应将毕业生的就业数据和职业发展情况与课程改进决策过程紧密结合。定期对课程内容进行审核和更新，确保其能够有效应对行业需求和市场变化。例如，如果数据表明某些领域的新兴技术或技能需求增长，课程内容应及时融入这些新兴领域，以保持课程的前瞻性和实用性。通过系统跟踪和分析毕业生的就业情况和职业发展前景，教育机构能够获得关于课程效果的宝贵数据。这些数据不仅能够揭示课程在提升毕业生就业竞争力方面的实际效果，还能为课程设计和改进提供科学依据。通过建立完善的反馈机制和数据驱动的调整策略，教育机构可以不断优化课程内容和教学方法，提高毕业生的整体就业竞争力，确保教育培训实际价值和成效的提升。

第五章　优秀传统文化与学生综合素质提升

第一节　综合素质的定义与内容

一、综合素质的定义

综合素质的定义涵盖了个人在知识、能力、态度和品格等多个方面的综合表现和发展。它不仅仅是学术成绩的简单总和，还是一个多维度的概念，涉及个体在不同领域的全面能力和素质。综合素质的核心在于全面性和综合性，它强调的不仅是学术知识的掌握，更包括个人的社会适应能力、情感调节能力、创造性思维、实践能力及其他多种能力和品格的培养。

虽然学术成绩不是唯一衡量综合素质的标准，但扎实的学科基础是综合素质的重要组成部分。知识的积累为个人提供了认识世界、解决问题的工具和方法。能够将学到的知识灵活运用到实际情境中，是综合素质的重要表现。这里的技能不仅限于传统的学术技能，还包括社会交往能力、团队合作能力、领导能力、解决问题的能力以及创新能力等。这些能力往往在实践中得到锻炼和提升，它们使个人能够更好地适应和应对复杂多变的社会环境。例如，一个具备良好沟通能力的人，能够在团队中有效地协作，推动项目进展，并在遇到困难时寻求解决方案。这些能力的培养与个人的经验积累和实践密不可分。个人的价值观、道德观、责任感和自律性等方面的表现，也是综合素质的重要组成部分。良好的品格和态度能够帮助个人在社会中树立良好的形象，建立积极的人际关系，并在面对挑战和压力时保持稳定和正向的心态。例如，一个具有强烈责任感的人，会在工作和生活中认真履行自己的职责，并对他人负责，这种态度不仅有助于个人的职业发展，也有助于社会的和谐稳定。综合素质的培养是一个系统而长期的过程。它不仅仅依赖于课堂上的学习，还需要通过课外活动、社会实践和个人兴趣的培养来实现。各种课外活动，如社团活动、志愿服务、实习经历等，都能为个人提供丰富的实践机会，帮助他们提升综合素质。通过这些活动，个人可以锻炼社交能力、团队合作能力和实际操作能力等，这些都是课堂学习中难以获得的经验。

二、综合素质的内容

在中国，提高人的综合素质包括两个主要方面：思想道德修养和科学文化水平。这两个方面不仅是个人发展的核心要素，也对社会的整体进步具有深远的影响。思想道德修养是综合素质的重要组成部分，关乎个人的品德、道德观念和社会责任感。例如，诚实守信、尊重他人和承担社会责任都是衡量个人思想道德水平的重要标准。良好的思想道德修养不仅帮助个人在社会中建立良好的人际关系，还能促进社会的和谐与稳定。各种道德教育、伦理课程和社会实践活动在提升个人的思想道德修养方面发挥着关键作用。这包括个人的知识积累、科学素养和文化素养的提高，以及将这些知识和技能应用于实际生活和工作的能力。科学文化水平的提升不仅为个人的发展和职业成功奠定了基础，还推动了社会的科技进步和文化繁荣。扎实的学科知识、良好的学习能力、批判性思维和创新意识都是科学文化水平的核心要素。系统地教育和培训帮助个人不断更新知识、提升技能，并应对社会和工作中的挑战。在社会的不同层次和地区，个体的综合素质存在差异，这些差异受到教育资源分配和社会支持力度的影响。因此，国家和社会需要致力于缩小这些差距，确保每个人都有机会提升自己的综合素质。社会对综合素质的需求和标准也在不断变化。随着社会的发展和经济的进步，对个体能力的要求不断提高，个人需要不断适应这些变化，提升自身能力，以满足新的社会需求。良好的社会环境能够提供丰富的学习资源、实践机会和发展平台，促进个人的全面提升。家庭、学校、社区和企业等社会支持系统，在综合素质的培养中扮演着重要角色。通过优化环境，提供更多的资源和支持，可以有效地推动个人的综合素质提升，进而促进社会的整体进步。

（一）提高干部队伍的综合素质

1.具体背景

提高干部队伍的素质是国家发展的基础，特别是对于领导干部而言，更是重中之重。广大干部，尤其是领导干部，承担着国家治理和社会管理的重任，他们的综合素质直接影响到政策的执行效果和社会的发展方向。因此，提高干部队伍的素质具有重要的现实意义和战略价值。

领导干部需要具备坚定的政治立场和良好的政治品德，以确保在复杂的社会环境中做出正确的决策。深入学习马克思列宁主义、毛泽东思想、邓小平理论等基本理论，有助于增强他们的政治敏锐性和判断力。通过系统学习现代科学技术、法律知识、社会主义市场经济知识等，干部能够更好地理解和适应国家的发展需求，制定出符合实际情况的政策。高素质的干部能够在复杂的社会和经济环境中，准确把握国家发展的大势，科学规划和实施政策。这不仅需要理论上的深刻理解，还需具备丰富的实践经验和解决实际问题的能力。通过不断学习和实践，干部能够提高分析问题、解决问题的能力，从而推动国家经济的稳定增长和社会的和谐发展。现代社会的管理涉及的领域非常广泛，包括经济、社会、文化等各个方面。领导干部需要具备全面的知识和灵活的应对策略，以应对各种挑战和复杂局面。通过强化培训和提升综合素质，干部能够更好地组织、协调、管理各项工作，推动各项政策的实施，确保国家治理体系的高效运转。干部的素质直接影响到政府的公信力和人民的获得感。高素质的干部能够公正、透明地开展工作，落实政策，回应群众关切，从而增强政府的公信力和社会的稳定性。这对于推动社会和谐、提升国家形象具有积极的作用。

2.具体措施

在提高干部队伍素质的过程中，理论学习、素质提升和实践应用是三个关键环节，分别从不同方面推动干部能力的全面提升。

干部应深入学习马克思列宁主义、毛泽东思想、邓小平理论等基本理论。这些理论不仅是中国社会主义理论的思想基础，还提供了分析和解决社会问题的理论工具。同时，掌握现代科学技术、法律知识和社会主义市场经济知识对于干部来说也极为重要。这些知识有助于干部理解和解决现代社会中的复杂问题，制定符合实际的政策。历史知识的学习同样不可忽视。历史知识不仅帮助干部了解当前政治和经济政策的背景，还能为决策提供重要的历史借鉴。干部应具备五个方面的基本政治业务素质：政治理论素养、决策能力、管理技能、政策理解和历史知识。政治理论素养确保干部在政治立场和思想上始终与党的方针政策保持一致；决策能力则使干部能够在复杂的情况下做出科学合理的决策；管理技能帮助干部有效地组织和协调工作，推动各项任务的顺利实施；政策理解能力使干部能够准确把握政策内容及其实施效果；历史知识的掌握则有助于干部从历史经验中汲取教训，拓展决策的深度和广度。这些优良的素质有助于提升干部的思想水平、决策水平和管理水平，从而提高他们的整体工作能力。干部应将学习成果转化为实际行动，推动政策落地实施。通过有效的实践应用，干部能够将理论知识和提升的素质在实际工作中进行运用，确保国家治理的科学性和有效性。这不仅需要干部在日常工作中不断检验和调整自己的决策，还需要在推动政策实施过程中，积极探索和解决实际问题，确保政策目标的实现和推动国家的发展。

（二）提高广大青少年的综合素质

1.背景概况

青少年是国家的未来和民族的希望。培养他们成为全面发展的社会主义事业接班人，是国家发展的关键所在。青少年的成长和发展不仅关乎个人的未来，更直接影响到国家和民族的长远进步。因此，系统性地提升青少年的综合素质，是实现国家繁荣和社会进步的基础。

国家应注重培养青少年的社会主义核心价值观，引导他们树立正确的价值观、人生观和世界观。通过加强思想道德教育，培养他们的社会责任感和集体主义精神，使其能够成为具备良好品德和社会责任感的公民。这不仅有助于个人的健康成长，也能促进社会的和谐与稳定。国家应提供优质的教育资源，推动教育公平的实现，确保每一个青少年都能够接受良好的教育。课程设置应涵盖科学、文化、艺术等多个方面，注重培养青少年的创新思维和实践能力。还应鼓励青少年积极参与课外活动和社会实践，通过多样化的学习方式提升综合能力。培养他们的批判性思维和解决问题的能力，以应对未来的各种挑战。国家应关注青少年的体质健康，通过推广体育活动和健康的生活方式，提高他们的身体素质。学校应开设丰富的体育课程，鼓励青少年参与各类体育运动，培养他们良好的生活习惯和团队合作精神。身体健康不仅能提升学习效率，还能为未来的生活和工作奠定坚实的基础。国家应加强艺术教育，推动美育进校园，通过音乐、绘画、舞蹈等多种形式丰富青少年的文化生活。培养青少年的艺术素养和审美能力，激发他们的创造力和表现力，这不仅能丰富其精神世界，也能增强他们的文化自信。国家应鼓励青少年参与社会服务、志愿活动和实习实践，通过实际行动增强他们的社会适应能力和实践能力。通过这些经历，青少年可以更好地理解社会需求，提升解决实际问题的能力，为未来的职业生涯做好准备。

2.实施方法

注重全面发展。在德、智、体、美等方面全面培养青少年，以促进其综合素质的提升，是国家教育体系的重要目标。德育方面应注重培养青少年的道德观念和社会责任感。智育方面要关注青少年的智力发展和学术能力，推动科学知识和文化素养的全面提升。体育方面则强调身体健康，鼓励青少年参与体育活动，增强体质。美育方面应培养他们的审美能力和艺术素养，丰富其精神世界。通过这些方面的综合培养，可以帮助青少年在各个领域得到均衡发展，为其未来的成长奠定坚实的基础。提升创新能力。培养青少年的创新意识和实际能力是教育的重要任务。青少年不仅需要具备扎实的专业技能，还应拥有跨学科的综合能力。教育应注重激发他们的创造力，鼓励其在科学技术、人文艺术等领域进行探索和实践。通过项目化学习、实验操作、跨学科合作等方式，培养他们的创新思维和解决实际问题的能力。这种创新能力的培养不仅能够帮助青少年适应快速变化的社会环境，还能为他们将来进入各个行业和领域打下坚实的基础。开展高级人才培养。高等教育机构的任务是培养既具备专业能力，又具备广泛知识的复合型人才。在课程设计上，需注重文理交叉、中西贯通的教学理念。通过综合课程的设置，学生可以在专业领域中深入发展，同时获得跨学科的知识，使其在未来的职业生涯中具备良好的适应能力和综合素质。高等教育还应鼓励学生进行创新研究和实践，培养他们的领导力和团队合作能力，以适应快速发展的社会需求。培养出的人才能够在复杂的现代社会中发挥更大的作用，推动社会进步和经济发展。

（三）提高整体民族素质

1.具体背景

提高民族整体素质是实现中华民族伟大复兴的重要支撑，这不仅涉及国家的长远发展，也关乎社会的全面进步。提高各类人员的综合素质是推动国家全面发展的关键所在，它为国家的各项事业提供了坚实的基础和强大的动力。

现代社会对人才的需求不仅限于专业技能，还包括综合素质，如创新能力、领导力和国际视野。一个国家的整体素质水平越高，其在国际舞台上的表现和影响力也越强。中国作为一个发展中的大国，必须提升国民的思想道德水平和科学文化水平，以在全球化的竞争中占据有利位置。对于干部队伍来说，具备高素质的干部不仅能够有效实施国家政策，还能在各自领域中带头示范，推动社会的进步和经济的繁荣。通过不断提升干部的理论水平、决策能力和管理技能，可以确保国家治理的科学性和有效性，从而促进社会的稳定和发展。通过全面的德、智、体、美培养，能够帮助青少年在各方面实现均衡发展。特别是要注重创新能力的培养，使他们具备应对未来挑战的实力。高等教育机构的任务是培养既有专业技能又具备广泛知识的复合型人才。这些人才能够在快速发展的社会中适应变化，并为国家的发展作出贡献。

2.具体做法

提升社会整体素质不仅是国家战略的关键环节，也是社会进步的重要保障。为实现这一目标，社会教育、文化自信和社会参与是三大核心内容，各方面的努力将共同推动社会素质的全面提升。

全面开展思想道德教育和科学文化知识普及是基础工作。思想道德教育不仅涉及学校教育，还包括家庭教育和社会教育的各个层面。通过在学校课程中系统地融入道德教育，可以帮助学生树立正确的价值观、人生观和世界观。道德教育应当注重培养学生的社会责任感、公民意识和伦理道德，使其在日常生活和工作中能够遵循社会规范，展现良好的道德风貌。除了传统的学校教育，社会各界应积极推动科学知识的普及活动。例如，科普讲座、展览、科学实验室等形式都可以提高公民的科学素养。这种普及活动不仅能够提升公众的科学知识水平，还能够激发他们的科学兴趣和探究精神，从而推动科学技术的发展和应用。社会教育还应涵盖职业技能培训，使每个人都能在工作中不断提升自己的技能和能力，从而提高整体社会的生产力水平。文化自信不仅是民族认同的重要体现，也是社会凝聚力的源泉。通过加强民族文化教育，可以增强国民对本民族文化的认同感和自豪感。文化自信的培育包括对传统文化的保护和创新，对民族历史的研究和传承。开展各种文化活动，如传统节日庆典、艺术展览和民俗展示，可以让国民更深入地了解和欣赏自己的文化传统。文化自信还要求我们在全球化的背景下，保持和弘扬民族特色，使中华文化在世界文化交流中展现独特魅力。鼓励社会各界广泛参与素质教育，可以通过各种形式的活动和项目来实现。例如，社区组织可以举办道德讲堂、知识竞赛、志愿服务等活动，让更多人参与到素质教育的过程中。这不仅能够提高个人的素质，也能促进社会的整体进步。企业和非政府组织也应积极投入，提供学习和交流的平台，为社会成员提供各种培训和成长的机会。通过广泛的社会参与，可以形成全社会共同推动素质教育的良好局面，使素质提升成为全体公民的共同目标。

第二节　传统文化对学生综合素质的影响

一、有利于塑造学生良好的性格品质

我国古代先贤，尤其是儒家思想，在塑造人格方面产生了深远的影响。他们认为，人格品质是决定一个人事业成功与否的关键因素。儒家思想强调道德修养和内在品德，这些理念至今依然具有重要的现实意义。

儒家思想中，人格品质不仅包括社会角色、道德行为和精神品质等方面，还涉及一个人道德品质和思想观念在其日常行为中的综合体现。例如，孔子在《论语》中提到："见贤思齐焉，见不贤而内自省也。"这句话意味着当看到道德高尚的人时，应当向他们学习；而当看到不道德的人时，应当反省自己是否也存在类似的问题。这种自我反省和学习他人的态度，帮助塑造了儒家强调的"修身、齐家、治国、平天下"的理想人格。儒家思想依旧对我们具有指导意义。学生作为社会未来的栋梁，其人格品质的塑造尤为重要。然而，当前许多学生中普遍存在"个人主义"和"功利主义"等不良现象，这不仅是社会的问题，也是教育过程中存在的挑战。这些现象不仅妨碍了学生职业素养的提升，还对社会主义核心价值观的发展产生了阻碍。针对这一问题，教师可以充分利用中华优秀传统文化，引导学生认识到人格品质在社会发展和个人成长中的重要性。教师可以通过讲解古代先贤在面对各种人生选择时所表现出的勇气与智慧，帮助学生理解人格品质对个人发展的积极作用。例如，通过介绍"修身、齐家、治国、平天下"等思想理念，可以

引导学生树立正确的人生观和价值观。这些传统理念不仅帮助学生理解如何在个人和社会层面上实现自我提升，还为他们提供了在职业道路上和面对人生问题时的思想导向和行为指导。教师能够帮助学生树立正确的价值观，认识到个人品德和道德修养对社会发展的积极影响。儒家的教育理念不仅在古代社会中发挥了作用，在现代社会中同样具有重要的现实意义。它不仅帮助学生在职业道路上取得成功，也为他们在日常生活中提供了明确的道德规范和行为指南，从而为社会的和谐与进步作出贡献。

二、有利于全面提高学生的职业素养

职业素养是个体在社会和工作环境中展现的职业观念、工作态度、工作能力等综合品质。这些品质被社会普遍认可和接受。它不仅是职业发展的核心能力，还直接影响个人的职业成功与长远发展。职业素养的提升不仅依赖于对专业知识和技能的掌握，还需要与中华优秀传统文化相结合，以实现全面发展。中华优秀传统文化蕴含着丰富的智慧和价值观，其核心思想对于塑造职业素养具有深远的影响。通过系统地挖掘和整理传统文化，并将其与现代社会的发展需求和教育标准结合，能够建立一个全面而综合的职业素养教育体系。他们可以通过将传统文化的精髓融入教学，促进学生职业素养的发展。例如，将传统文化中的礼仪规范融入日常教学，引导学生在实际工作中遵循这些规范。这不仅有助于提升学生的人际交往能力，还能改善他们的职业形象。学生能够更好地适应职场环境，并在日常工作中展现出良好的职业素养。将传统文化与思想政治教育相结合，能够进一步增强职业素养的培养。中国著名思想家孔子的儒家学说具有重要的教育意义。孔子提倡的“修身、齐家、治国、平天下”不仅是个人修养的基本要求，也为职业道德和职业素养的提升提供了重要的指导。教师可以通过讲解孔子的生平事迹、思想主张和精神品质，帮助学生理解这些思想对职业素养的影响。孔子的教诲强调道德修养和责任感，这对于职业生涯中的自我管理和职业发展至关重要。教师可以通过讲解孔子的名言警句，结合学生的实际情况，引导他们认识职业道德的重要性。例如，通过案例分析，展示职业道德在实际工作中的应用和影响。角色扮演活动也可以帮助学生将传统文化中的道德准则应用到实际工作情境中，从而加深他们对职业素养的理解和认同。这种教育方法不仅提升了学生的职业素养，也为他们在职场中树立了良好的行为规范和打下坚实的道德基础。

三、有利于社会实践与责任感培养

组织学生参与社区服务和公益活动，是培养他们社会责任感和助人为乐精神的有效途径。这些活动不仅提供了实践的机会，使学生能够将理论知识应用到实际中，还能够帮助他们更好地理解社会问题和应对挑战。例如，定期组织学生参与探访孤老、社区清扫、为弱势群体提供帮助等活动，可以让他们直观地感受到社会服务的重要性。通过这些实践经验，学生会更深刻地认识到助人为乐的价值，学会从他人的角度思考问题，培养同情心和责任感。在这样的合作中，学生不仅仅是受助者，更可以成为积极的贡献者。为了激励更多学生参与，可以设立奖学金或荣誉奖项，表彰那些在社区服务中表现突出的学生。这种奖励机制不仅能鼓励学生积极参与，还能提升他们的自信心和成就感。通过开展环保课程，如课堂教学和专题讲座，学生能够了解环保的重要性及其对社会和自然环境的深远影响。这些课程可以帮助学生掌握基本的环保知识，例如垃圾分类、节能减排等，同时激发他们对环保的兴趣和热情。组织环保项目，如校园内的垃圾分类活动、节能减排措施或社区的绿化行动，可以让学生在实践中应用他们学到的环保知识。参与这些项目不仅有助于改善校园和社区的环境质量，还能让学生亲身体验环保行动带来的积极变化。通过这些实际行动，学生能够更好地理解可持续发展的理念，培养环保意识，从而在日常生活中自觉践行这些理念。将社区服务与公益活动以及环保行动、可持续发展教育相结合，不仅能够培养学生的社会责任感和环保意识，还能为他们提供全面发展的机会。这种全面的教育方式不仅帮助学生在学术上取得成功，还能在个人素质和社会能力上取得长足进步。

四、有利于促进文化传承与价值观教育

通过学习传统文化和参与传统节日活动，学生可以在实际体验中深刻理解和践行传统美德。这种体验不仅使学生能够直观感受到传统文化的魅力，还能帮助他们在日常生活中实践这些美德。例如，组织学生参与春节、中秋节、端午节等传统节日的庆祝活动，让他们亲身体验传统习俗，了解节日背后的文化和历史意义。通过制作节日食品、参与传统仪式、学习相关的民俗故事等活动，学生不仅能增强对传统文化的认同感，还能在实际参与中感受到传统美德如孝道、尊重、团结等的真正意义。通过设置传统文化课程或社团活动，也能让学生有更多机会深入学习和体验传统文化。这些课程可以包括书法、京剧、传统音乐、民间艺术等，让学生在实践中掌握传统技艺和知识。这样的课程不仅提升了学生的文化素养，还能激发他们对传统文化的兴趣，促进传统文化的传承和发展。道德故事与经典阅读则通过阅读经典文学作品和道德故事，帮助学生理解和形成良好的价值观和伦理观。经典文学作品和道德故事往往蕴含了深刻的生活智慧和道德观念，这些内容可以通过阅读让学生对人生、社会、伦理有更深刻理解。例如，阅读《论语》《孟子》《红楼梦》等经典文学作品，能够帮助学生了解儒家思想的核心价值观，如仁爱、礼义、忠诚等。通过道德故事，如《三字经》《弟子规》，学生可以更易于接受和理解传统道德观念，形成正确的价值观。为了使这些阅读活动更具吸引力，可以通过组织读书会、讨论班等形式，让学生分享其阅读心得和理解，促进他们之间的思维碰撞和思想交流。教师也可以通过引导学生讨论故事中的人物和情节，帮助他们更好地理解其中的道德和伦理问题，从而在实际生活中更加自觉地践行这些价值观。

五、有利于提升团队合作与领导力发展

通过团队活动与合作项目，学生可以有效地培养合作精神和团队意识。参与团队合作的活动，不仅能够提升学生的沟通能力和协调能力，还能增强

他们的集体责任感和合作意识。例如，组织团队合作项目，如科学实验、小组讨论、团队比赛等，可以让学生在共同完成任务的过程中学会如何分工合作、解决问题和处理冲突。在这些活动中，学生需要积极倾听他人的意见，尊重团队成员的不同观点，并通过有效的沟通和协作来实现共同目标。课外活动如校内社团、运动队、志愿服务等，提供了丰富的团队合作机会。学生可以通过实际参与，体验团队合作的挑战和乐趣，同时学会如何在团队中发挥作用，贡献自己的力量。教师可以通过设立明确的团队目标和任务，鼓励学生在活动中积极参与，体现团队精神。领导力训练可以包括组织和管理能力的培养，如如何设定目标、制订计划、协调资源等。这些训练通常通过模拟练习、角色扮演和实际项目管理等方式进行，让学生在实践中掌握领导技能。例如，可以组织模拟企业运营活动，让学生担任不同的管理角色，处理实际问题，从中学习如何领导团队，做出决策，并积极应对遇到的挑战。这些实践机会可以帮助学生在解决实际问题、制订战略计划、协调团队成员等方面积累经验，从而提升他们的领导力和决策能力。

第三节　实践活动中的传统文化教育

一、文化体验活动

通过组织传统文化体验活动，如民俗节庆、传统手工艺品制作、传统戏剧观摩等，可以有效地帮助参与者直观地了解和深刻感受传统文化。这些活动不仅为参与者提供了直接的文化体验，还增强了他们对传统文化的理解和兴趣，从而促进文化的传承和发扬。

例如，在陶瓷制作体验活动中，参与者可以从选择陶土开始，逐步学习陶瓷的制作过程。这包括捏制陶坯、雕刻装饰、施加釉料以及最后的高温烧制。通过亲手操作，参与者能够感受到陶瓷制作的精细和复杂，理解每一个环节背后的工艺技巧和艺术美感。同时，活动中的工艺师会分享陶瓷的历史背景和文化意义，使参与者在动手的过程中了解传统陶瓷艺术的历史和发展。在织布过程中，参与者可以体验到从选择纱线到织造完成的每一个步骤，包括经纱的准备、纺织图案的设计以及织布的操作。通过这种亲身体验，他们不仅掌握了织布的基本技巧，还能够感受到织布过程中对细节的关注和对技艺的尊重。此外，参与者还能了解到织布技艺在传统文化中的重要性，以及它如何反映出不同地区的文化特色和生活方式。通过练习书法，参与者可以了解到书法不仅仅是文字的书写，更是一种艺术表现形式。他们能够体验到书法中的韵律和力量，同时理解书法在中国文化中的地位和意义。参与者可以在节庆活动中亲身参与制作节日食品，如饺子、年糕等，感受传统节日的风味和习俗。节庆活动还包括传统舞蹈、民俗表演等，参与者不仅能感受到传统艺术形式的魅力，还能参与在活动中，体验节日的欢乐氛围和文化内涵。例如，在春节活动中，参与者可以亲手制作春联和灯笼，学习传统的节日礼仪和庆祝方式，体会节日的传统和文化气息。通过这些亲身体验的活动，参与者不仅能够加深对传统文化的理解，还能激发他们对传统文化的兴趣和热情。直接参与到制作和庆祝的过程中，使他们在感官上和情感上都能与传统文化产生更深的连接。这种互动和体验不仅有助于他们个人加深对传统文化的认同和理解，也为传统文化的传承和推广提供了有效的途径。传统工艺和习俗通过这种生动的体验得以保存和传承，同时也为现代社会注入了更多的文化内涵和精神价值。

二、传统文化课程

将传统文化内容融入课程设置中，通过课堂讲授、实践操作和文化讨论等方式，能够系统地介绍传统文化的历史背景、核心理念和艺术形式。这种课程设置不仅能提高学生对传统文化的认知，还能激发他们的兴趣，并在实践中深化对传统文化的理解。例如，学校可以开设有关传统节日习俗的课程。在这些课程中，教师可以讲解不同节日的起源、发展历程和习俗特点，包括春节、中秋节、端午节等。课堂上，学生不仅能学习到节日的历史背景，还能通过实际操作，如制作传统节日食品、参与节日装饰等，亲身体验节日的庆祝方式。这种实践操作帮助学生更好地理解节日的文化意义和习俗，使他们在参与中感受到传统文化的魅力。通过系统学习古代文学作品，如《论语》《孟子》《红楼梦》等，学生能够深入了解古代文学的思想内涵、艺术风格和文化背景。在课堂上，教师可以通过文本分析、文学评论等方式，引导学生理解古代文学作品中的哲学思想和文化价值，同时鼓励他们进行创意写作和讨论，提升其文学素养和批判性思维。

通过学习传统音乐和舞蹈，学生能够直接接触到传统艺术形式，了解其历史背景和表现手法。例如，学校可以教授中国传统乐器的演奏技巧，如古筝、二胡等，或者教授传统舞蹈的基本动作和风格特点。通过实践操作和表演，学生不仅能掌握传统艺术的基本技能，还能体会到其在传统文化中的重要地位和作用。在课程设计中，还可以融入文化讨论环节中，鼓励学生就传统文化的相关话题进行深入探讨和交流。通过讨论，学生可以分享自己的观点，了解不同文化背景下的传统习俗和艺术形式，从而拓宽他们的视野，加深对传统文化的认识。这种互动式的学习方式不仅能增强学生的文化自信，还能促进他们对传统文化的创新和传承。将传统文化内容融入课程设置中，能够通过理论学习和实践操作相结合的方式，系统地介绍传统文化的历史、核心理念和艺术形式。这种课程设置不仅帮助学生形成对传统文化的全面理解，还激发了他们对传统文化的兴趣和热情，为传统文化的传承和发展提供了坚实的基础。

三、文化传承项目

开展传统文化传承项目，如传统工艺传承计划和文化遗产保护志愿者活动，是推动传统文化保护与传承的重要途径。这些项目不仅加深了公众对传统文化的认知，还激发了他们的参与热情，增强了其对传统文化的责任感和使命感。通过组织传统工艺师的讲座和工作坊，学生和社会公众可以有机会与传统工艺大师进行面对面的交流，深入了解传统技艺的精髓。这些讲座通常由经验丰富的工艺师主讲，他们会详细介绍传统工艺的历史背景、制作工艺和文化意义。例如，工艺师可以讲解传统陶瓷的制作过程，从选泥、成型、上釉到烧制的每一步，以及每一环节对最终作品质量的影响。在讲座中，工艺师还会分享自己在技艺传承和创新方面的经历和心得，激发学生对传统工艺的兴趣和热情。

在工作坊中，学生可以亲身体验传统工艺品的制作过程。这些工作坊通常包括实践操作环节。例如，学生可以在陶瓷制作工作坊中亲手捏制陶坯、雕刻装饰，并进行初步的烧制。通过这种实践操作，学生不仅能够学习到传统工艺的基本技巧，还能感受到制作过程中所需的细致与专注。工艺师在工作坊中会给予实时指导和反馈，帮助学生掌握技艺并提高制作水平。这种亲身体验能够加深学生对传统工艺的理解，并培养他们的动手能力和创新意识。文化遗产保护志愿者活动为学生和公众提供了实际参与文化遗产保护的机会。这些活动可以包括历史文物的整理与修复、传统建筑的维护、地方性文化资料的记录与保存等。通过参与这些活动，志愿者能够直接接触到文化遗产，了解其历史价值和保护难点。例如，志愿者可能会帮助清理和修复老旧的建筑物，学习如何正确处理和保存文物，记录和整理地方性传统文化资料。这些活动不仅提高了志愿者对文化遗产保护的认识，还使他们掌握了相关的保护技能和知识。传统文化传承项目还可以通过举办展览、比赛和文化交流活动来进一步推广传统文化。展览可以展示学生和公众在传统工艺品制作和文化遗产保护中的成果，吸引更多人关注和参与传统文化的传承。比赛可以鼓励学生和公众展示他们的创意和实践过程，激发他们对传统文化的热情和创新。文化交流活动则可以促进不同地区和国家之间的传统文化交流和学习，增强对全球传统文化多样性的理解和尊重。

四、社区文化活动

在社区层面组织与传统文化相关的活动，如社区文化节、传统工艺展览、传统文化讲座等，可以有效地促进传统文化的普及和传播。这些活动不仅为社区居民提供了接触和学习传统文化的机会，还增强了他们对传统文化的认同感和参与度。在文化节中，可以设置多个环节，如传统节日庆祝活动、传统音乐和舞蹈表演、传统食品制作和品尝等。例如，在春节期间，社区可以组织灯笼制作、年俗表演和民俗游戏，让居民感受到浓厚的节日氛围。节庆活动中的民俗表演，如舞龙舞狮和传统戏曲，不仅能让居民体会传统艺术的魅力，还能让他们了解这些艺术形式的历史和文化背景。

社区可以通过展览邀请传统工艺师和艺术家展示他们的作品，如陶瓷、刺绣和木雕等。在展览中，观众不仅可以欣赏到精美的工艺品，还可以了解到这些工艺品的制作过程、技巧和文化背景。展览期间，工艺师可以进行现场演示和讲解，与社区居民进行互动交流。这种亲密的交流使居民能够更加深入地理解传统工艺，并激发他们对传统技艺的兴趣。社区可以邀请传统文化专家、学者和艺术家举办讲座，介绍传统文化的历史、核心理念和艺术形式。例如，讲座可以涵盖古代文学、传统音乐、传统节日的历史和习俗等内容。讲座中的专家通过生动讲解和丰富的案例，使居民能够更好地理解和欣赏传统文化的深度和广度。讲座完成后，还可以设置互动问答环节，让居民提出问题，进一步加深对讲座内容的理解。为了增强社区居民对传统文化的参与度和认同感，社区还可以组织各种互动活动，如传统工艺工作坊和文化体验课程。居民可以亲身体验传统工艺品的制作过程，学习传统技艺的基本技巧。例如，可以举办陶瓷制作工作坊，让居民自己动手制作陶器，或者举办传统音乐课程，让居民学习和演奏传统乐器。通过这些互动体验，居民不仅能学到传统文化的实际技能，还能在实践中感受到传统文化的魅力。

第四节　综合素质提升的评估与效果分析

一、综合素质提升的评估

（一）学业表现与知识掌握

1.学科成绩与学术能力

通过学生各个学科的考试成绩和作业完成情况来评估其知识掌握程度和学术能力，是了解他们学业表现和学习成效的重要方式。这种评估不仅涵盖基础知识的掌握，还包括学生的问题解决能力和批判性思维能力等方面。

通过考试成绩和作业完成情况，可以检查学生对课程内容的理解和掌握程度。例如，在数学学科中，通过解答各类题目来评估学生对基本概念、公式和方法的理解；在语文课程中，通过阅读理解题目来检查学生对文学作品的理解能力。基础知识的掌握情况可以帮助教师判断学生是否能够运用所学知识进行进一步的学习和应用。通过考试中的应用题和作业中的实际问题解决任务，能够评估学生将所学知识应用于解决实际问题的能力。例如，在科学课程中，通过设计实验和解释实验结果来考查学生的实际问题解决能力；在社会科学课程中，通过分析案例和提出解决方案来评估学生的批判性思维和问题解决能力。这一方面的评估可以帮助教师了解学生的综合运用能力和创新思维。批判性思维能力指的是学生对信息进行分析、评估和判断的能力。通过考试中的论述题和作业中的分析性写作，能够评估学生是否可以从多个角度审视问题、提出论点并进行论证。例如，在历史课程中，通过评估学生对历史事件的分析能力来考查其批判性思维；在文学课程中，通过评估学生对文学作品分析和评价的深度来考查其批判性思维能力。这一方面的评估能够帮助教师了解学生的思维深度和分析能力。这种评估不仅关注学生对基础知识的掌握，还涵盖了问题解决能力和批判性思维能力等方面，从而为学生的学术发展提供全面的反馈和支持。

2.综合素质评价

除了传统的学科成绩外，评估学生跨学科知识的应用能力也非常重要的。这种评估关注学生能否综合运用不同学科的知识，以解决实际问题，并体现其学习能力和创新思维。

跨学科知识的应用能力可以通过项目作业、综合性考试和真实问题解决任务来评估。例如，在一个涉及科学、技术、工程和数学（STEM）的项目中，学生需要综合运用各学科的知识来设计和实施一个解决实际问题的方案。这种任务能够考查学生在多学科知识结合下的应用能力，评估其能否将数学原理应用于工程设计，将科学知识应用于技术创新等。教师可以设置具有挑战性的跨学科任务，观察学生如何通过自我研究和主动学习来掌握新的知识。例如，要求学生在未曾接触的领域进行研究并完成相关的报告或展示，可以帮助评估学生的自主学习能力和知识扩展能力。通过评估学生在跨学科项目中的创造性思维，例如在解决复杂问题时提出的独特方法或解决方案，能够了解学生的创新能力。例如，要求学生提出针对环保问题的创新解决方案，并综合运用不同学科的知识来实现这些方案，可以有效评估学生的创新思维。这种跨学科的评估方法不仅能够帮助教师全面了解学生的综合能力，还能够激发学生的学习兴趣和创造力，培养他们在实际问题解决中的综合素养。通过结合传统学科成绩与跨学科能力评估，可以更全面地衡量学生的学术发展和未来潜力。

（二）品德与社会责任感

1.道德行为与社会实践

这种评估不仅关注学生的学业成绩，还包括他们在社会活动中的参与情况和行为表现，从而体现其道德素养和社会责任感。学生是否尊重他人、诚实守信、遵守学校规章制度，以及在面对困难和挑战时是否展现出坚忍和正直的品格。这些行为可以通过教师的日常观察、同伴反馈和自我报告等方式进行记录和评估。学生是否积极参与公益活动和志愿服务，体现了他们对社会的责任感和对他人的关怀。例如，学生参与社区清洁、关爱老年人、帮助贫困家庭等活动，表明他们愿意为社会贡献自己的力量，并具备良好的社会责任感。学生在组织和参与社会活动中的表现也可以作为评估的依据。例如，学生是否能够主动承担组织活动的任务、是否在活动中表现出合作精神和领导能力。这些表现能够反映学生在团队合作中的道德素养和对社会责任的理解。

2.自我评估与他人评价

学生自我评估可以通过定期的反思和自评活动来实现，比如和描述自己在学校和社区中的表现，并分析自身的道德行为和社会责任感。教师的评价通常基于日常的观察和互动，教师通过观察学生在课堂和学校活动中的行为，如对同学的尊重、课堂纪律的遵守以及参与活动的积极性来进行评估。教师还可以通过定期评估报告和行为记录获取反馈，这些评价反映了学生在学习环境中的行为表现。学生在团队合作中的表现、对同学的帮助以及在小组活动中的角色和贡献可以揭示他们的道德品质和社会责任感。定期的同伴评估问卷或小组讨论能收集同学对彼此行为的评价，从而了解学生在同伴关系中的表现和影响力。家长的评价则基于对学生在家庭和社区活动中的观察。家长可以通过观察学生在家庭中的行为、对家庭责任的承担以及参与社区活动的积极性来进行评估。家长的反馈通过家庭访谈、问卷或会议等方式获得，可以帮助了解学生在家庭环境中的表现。

（三）情感管理与心理素质

1.情绪稳定性与压力应对

评估学生在面对学业压力、人际关系紧张等时的情绪管理能力，可以通过观察学生如何处理负面情绪、应对挫折，以及在压力下的表现来实现。这种评估关注学生在应对生活挑战时的情绪调节和适应能力，从而了解其心理素质和情绪健康状况。

学生在面对学业压力、考试成绩不理想或人际冲突时，可能会出现焦虑、沮丧或愤怒等负面情绪。评估可以通过以下几种方式进行：观察学生在这些情境中的情绪反应，记录其处理负面情绪的策略，如是否采取了有效的情绪调节方法，是否能够及时寻求帮助或采取积极的自我安抚措施。学生的自我报告、心理咨询记录或情绪日记也能提供有价值的信息。学生在遇到学业挑战或人际冲突时，如何处理失败和挫折，能够反映其心理韧性和适应能力。评估可以通过学生在面对失败后的态度和行动来实现。例如，学生是否能够从挫折中吸取教训，是否展现出积极的改进态度，是否能够重新制定目标并付诸实践。教师和家长的观察记录、学生的反思报告以及面对困难时的应对策略，都能帮助评估学生的挫折应对能力。学生在高压环境下，如紧张的考试或课外活动中，如何维持情绪稳定和高效的工作状态，是评估其情绪管理能力的关键。评估可以通过学生在压力情境下的表现来进行，例如是否能够保持专注、是否可以有效地管理时间、是否能在压力下仍保持良好的表现。教师和同学的反馈、学生的表现记录以及应对压力的策略，都可以作为评估的依据。

2.心理健康状况

通过心理健康评估工具和咨询记录，可以深入了解学生的心理健康状况和情感稳定性。这种评估能够揭示学生在情绪调节、心理适应和对心理支持的需求方面的情况，从而为他们提供适当的帮助和干预。

这些工具通常包括问卷、量表和自评工具，如抑郁症自评量表（PHQ-9）、焦虑自评量表（GAD-7）和情绪调节问卷等。这些工具通过标准化的问题和评分系统，评估学生的情绪状态、焦虑水平、抑郁症状、压力感受以及情绪调节能力。通过定期使用这些评估工具，可以追踪学生的心理健康变化，并了解其情感稳定性。学生在心理咨询中的记录，包括咨询师的观察、谈话内容和建议，能够提供学生心理状态的详细信息。咨询记录可以揭示学生在情绪调节方面面临的挑战、心理适应能力的强弱以及他们对心理支持的需求。例如，记录中可能包括学生在咨询中讨论的具体问题，如学业压力、人际关系困扰、情绪波动等，以及他们在咨询过程中所采取的应对策略和进展情况。这些记录帮助专业人员了解学生的心理健康状况，并为制定个性化的干预措施提供依据。咨询记录可以进一步提供具体的情境和策略，帮助了解学生在实际问题中的情绪处理方式和适应能力。学生可能在某些情境下表现出较高的心理困扰或情绪问题，表明他们需要额外的心理支持或干预。通过分析心理健康工具的评分和咨询记录，教育工作者可以识别需要帮助的学生，并安排适当的心理支持资源，如心理咨询、情绪管理课程或支持小组。

（四）综合能力与创新潜力

1.团队合作与领导力

评估学生在团队合作和领导能力方面的表现，可以通过观察他们在团队项目中的表现、组织能力、沟通协调能力以及在扮演领导角色过程中的决策和管理能力。这种评估能够全面了解学生在合作与领导方面的综合素质，从而帮助他们在这些领域中不断提升。

观察学生在小组活动和项目中的行为，可以了解他们的合作精神和团队意识。具体来说，评估可以关注学生在团队中的角色扮演、任务分配情况、与其他成员的互动质量以及对团队目标的贡献。例如，学生是否能够积极参与讨论、按时完成任务、帮助其他成员解决问题，并在团队中起到积极的作用。这些表现可以通过教师的观察记录、小组成员的反馈和项目成果来进行评估。学生在团队合作中的组织能力可以通过他们在项目规划、时间管理和资源配置等方面的表现来体现。评估可以关注学生是否能够有效地制订项目计划、合理安排时间、协调资源以及确保项目按时完成。教师可以通过观察学生在项目中的组织行为、项目进度报告以及最终的项目完成情况，来评估他们的组织能力。评估学生的沟通协调能力可以通过观察他们在团队中的沟通方式、解决冲突的能力以及与团队成员的协调情况来进行。具体评估可以关注学生是否能够清晰表达自己的观点、倾听他人的意见、与团队成员进行有效沟通以及在冲突出现时采取建设性的解决方法。这些能力可以通过教师的观察记录、团队成员的反馈和小组讨论的录音或录像来进行评估。学生在担任团队领导时，如何做出决策和管理团队，可以反映其领导能力。评估可以关注学生在决策过程中的分析和判断能力，在管理团队时的激励和指导能力以及在解决问题时的灵活性和创造性。例如，学生是否能够有效地制定决策、激励团队成员、分配任务以及应对团队中的各种挑战。这些表现可以通过教师的观察、团队成员的反馈以及项目成果来进行评估。

2.创新思维与实践能力

学生参与创新项目、研究性学习、课外活动等，可以评估其创新思维和实践能力。这种评估方式可以帮助了解学生是否能提出创新的解决方案，是否能将创意付诸实践，并取得预期的成果。

教师可以通过观察学生在项目初期的头脑风暴和问题定义阶段的表现来进行评估。学生是否能够打破常规思维，提出具有创意和前瞻性的想法，是评估其创新思维能力的重要指标。评估可以关注学生在将创意转化为实际项目或产品过程中的表现。这包括学生是否能够制订详细的实施计划、合理分配资源和时间，以及在项目执行过程中解决遇到的问题。教师可以通过观察学生在项目实施过程中的行动记录、项目进度报告和实验记录，评估其实践能力。评估可以通过学生在项目中的最终成果、项目报告和演示来进行。具体来说，评估学生是否能够成功完成项目并取得预期成果，是否能够通过演示和报告有效地展示和解释他们的创新成果。这些成果可以通过项目评审、展示会和比赛等形式进行评估。教师可以通过观察学生在这些活动中的参与度和表现，以及活动评委和同伴的反馈，来评估其创新和实践能力。为了全面评估学生的创新思维和实践能力，可以结合多种评估方式，如教师的观察记录、学生的自我报告、同伴和导师的反馈、项目成果和展示等。通过这种综合评估，可以更准确地了解学生在创新和实践方面的能力，帮助他们在这些领域中不断提升和成长。

二、综合素质提升的效果分析

（一）促进了道德素质的提升和职业操守的遵从

儒家文化中的诚信、礼仪和责任感等核心价值观，能够帮助学生严格遵从职业操守。融入这些传统文化元素，可以培养学生的道德素质，使他们在未来的职业生涯中具备高尚的职业道德和行为规范。严格遵守行为规范，使学生在学习过程中不仅掌握了技能培训，还内化了传统文化中的道德观念。这种内化的价值观有助于他们在职场中表现出诚信、礼貌、责任感等品质。通过传统文化的熏陶，学生能够更加注重职业伦理，避免不道德行为的发生。比如，在职场中坚持诚信原则，不欺瞒客户和同事，遵守职业礼仪，尊重他人，这些都是传统文化教育带来的积极影响。提升职业素养和坚持传统文化中的职业操守观念，如匠人精神、严谨和敬业精神，能够使学生在工作中更加认真和负责任。这些素养在职业环境中具有重要的实际价值，能够提高学生的职业竞争力。匠人精神强调对工作的热爱和专注，鼓励学生在职业中追求卓越、精益求精。严谨和敬业精神则培养学生对待工作的严肃态度和责任感，使他们能够在工作中表现出高度的专业素养和可靠性。传统文化教育不仅在行为规范和职业素养方面对学生产生积极影响，还能够促进学生的全面发展。通过学习传统文化，学生可以获得更广泛的文化视野和人文素养，增强文化自信。这种文化自信不仅有助于学生在职业中表现出色，还能使其在面对全球化挑战时更加从容和自信。此外，传统文化教育还能够培养学生的团队合作精神和集体意识，使他们在职场中更容易与他人进行合作，形成良好的工作氛围。

（二）提升了创造力和增强文化认同感

传统工艺和文化艺术的学习，不仅能提升学生的技能水平，还能激发他们的创造力和文化认同感。通过学习传统技艺，学生能够掌握独特的工艺技能，并将这些技能与现代设计相结合。为了增强创新能力，传统文化课程应鼓励学生在实践中运用所学技艺，探索新方法、新设计。这种学习方式能够激发学生的创造力，使他们能够在职业生涯中不断创新。通过实践，学生能够将传统技艺与现代技术结合，发展出新的设计理念和产品。例如，学习传统编织技术的学生，可能会开发出结合现代时尚元素的新型服饰，同时保留传统文化的独特性。这种创新能力不仅有助于学生在职业生涯中脱颖而出，还能推动相关行业的发展。要提升文化自信，就要通过对传统文化的深入学习，使学生能够更好地理解和认同自己的文化。这种文化自信不仅有助于他们在全球化的职场环境中展现独特的文化魅力，还能够提升其对本民族文化的自豪感和责任感。文化自信使学生在面对国际交流时更加从容，能够自信地介绍和推广自己的文化。这种自信不仅能够提升个人的职业形象，还能为企业和国家的文化交流和合作增添积极因素。例如，在国际设计展览中，具备传统文化背景的设计师能够自信地展示融入传统技艺的作品，吸引全球观众的关注和认可。通过对传统工艺和文化艺术的学习，学生不仅在技能上得到提升，还能在文化认同和创新能力上获得长足发展。传统技艺的传承与现代设计的融合，使得学生能够创造出具有文化深度和市场价值的创新产品。这种综合能力的培养，不仅提升了学生的职业竞争力，也为社会和文化产业的发展注入了新的活力。通过对传统文化的深入理解和认同，学生能够在全球化的职场环境中自信地展示和推广自己的文化，并推动文化的传承与创新，实现个人和社会的双赢。

第六章　优秀传统文化与教师专业发展

第一节　教师专业发展的重要性

当前在世界范围内，每个国家对教师的专业化发展都十分关注及重视。教师的工作是培养人的工作，现代化的教育发展离不开教师专业水平的提高。如今，一些教师的专业水平已不能满足创新人才培养的要求，两者的差距越来越凸显。因此，只有教师专业水平的提升才能使学生的发展最大化，才能培养出高质量的人才。

现代教育不仅仅是传授知识，更需要培养学生的创新能力、批判性思维和解决问题的能力。而这些能力的培养，离不开高素质的教师队伍。然而，许多教师的专业水平还停留在传统教学模式和知识传授的层面，难以适应创新教育的需求。高水平的教师能够为学生提供更丰富、更深入的学习体验，帮助他们掌握复杂的知识和技能。专业化的教师更能激发学生的学习兴趣和探索精神，引导他们进行自主学习和创新实践。教师的专业水平直接影响到教育质量和学生的整体发展。只有教师不断提升自己的专业素养，才能为学生提供优质的教育服务。教师培训不仅包括学科知识的更新，还涵盖教学方法的创新、教育技术的应用以及心理学和教育学理论的深入研究。通过这些举措，教师能够不断更新自己的知识体系和教学技能，适应现代教育的需求。教师的职业发展不仅仅是初级教师到高级教师的简单晋升，还应包括专业学习、教学实践、科研创新和教育管理等多方面的综合发展。通过系统的职业发展路径，教师能够在不同阶段不断提升自己的专业水平，逐步成长为教育领域的专家和领导者。教师专业化发展的另一个重要方面是国际交流与合作。通过参与国际学术会议、教育交流项目和跨国合作研究，教师能够了解全球教育发展的最新趋势，学习其他国家的先进教育理念和教学方法。这不仅有助于提升教师的专业水平，也能够促进教育创新和国际教育合作。

一、有利于提升教学质量

教师专业发展对于提升教学质量至关重要。通过持续培训和学习，教师能够不断更新和扩展他们的知识体系，掌握最新的教育理论和教学方法，这对优化课堂教学策略有着直接的影响。

持续的专业发展使教师能够跟上教育领域的最新进展，从而在教学实践中应用创新的技术和方法。例如，通过参加教学研讨会和专业培训，教师可以学习到新兴的教育技术，如智能教室、在线学习平台和互动式教学工具的使用方法和技巧。这些技术不仅可以提高课堂的互动性，还能帮助教师根据学生的个性化需求调整教学策略，从而更好地满足不同学生的学习需求。这包括学习新的教学理论、探索不同的教学模式以及掌握先进的评估和反馈技巧。通过这些学习，教师能够优化课堂教学设计，提升课堂效率，并有效地激发学生的学习兴趣和参与度。例如，教师可能会学到如何将项目式学习（Project-Based Learning）融入课堂，或者如何使用差异化教学（Differentiated Instruction）策略来满足不同学生的需求。这种持续的专业成长不仅有助于教师自身的职业发展，也直接影响到学生的学习效果。当教师能够应用最新的教育理论和实践方法时，学生在课堂上的学习体验会得到显著改善。教师使用创新的教学工具和策略可以使课堂变得更加生动有趣，激发学生的学习动力，并提高他们的学术表现。同时，教师对教育方法的持续改进能够帮助学生更好地理解和掌握知识，培养他们的批判性思维和问题解决能力。

二、有利于增强职业满意度

教师专业发展能够显著提升教师的职业满意度。这种提升主要体现在通过参与专业培训和进修，教师能够不断提升自己的技能和知识水平，从而增强自信心和职业成就感。这种成长感对教师的职业幸福感和工作动力产生了积极的影响，使他们在工作中更加投入和满意。

专业培训和进修为教师提供了不断学习和发展的机会，使他们能够掌握最新的教育理论和实践方法。例如，教师通过参加教育技术研讨会、教学方法培训或学科深造课程，能够学习到先进的教育技术和教学策略，如数字化课堂管理、数据驱动教学和创新的评估方法。这些新知识不仅增强了教师的教学能力，也使他们能够更有效地应对课堂中的各种挑战。掌握新的教学方法和工具后，教师能够更灵活地调整教学内容和方式，从而提升教学效果。当教师能够运用这些新的教学策略和工具来提升学生的学习体验时，他们通常会感到更有成就感和满足感。这种成就感不仅增强了教师对工作的自信心，还激发了他们的职业热情。教师在看到自己的教学方法和策略取得良好的效果时，会感到自己在工作中有了实际的成就，这种成就感使他们更加认可自己的工作价值。这种自信心和职业成就感对教师的职业满意度有着显著的正面影响，使他们更愿意将时间和精力投入于教学工作中。专业培训还帮助教师不断发现和探索自己的潜力，看到自身的成长和进步。这种成长感和自我效能感，不仅提升了教师的工作动力，还有效减少了职业倦怠。当教师能够看到自己在专业领域的不断进步时，他们会感到自己在职业道路上的努力得到了回报，从而更加愿意面对工作中的挑战。专业培训和进修还拓展了教师的职业发展路径，使他们有机会获取更高的职称或承担更多的教学责任。通过不断学习和进修，教师能够获得更多的资格认证或专业技能认证，这些资格不仅为他们的职业发展提供了更多选择，也为他们未来的职业晋升铺平了道路。当教师看到自己的职业发展有明确的方向和成就时，他们的职业满意度也会相应提升。这种对未来职业发展的明确认识和预期，进一步激发了他们对工作的热情并提升了投入感。教师能够感受到自己的职业生涯不断向前发展，这种广阔的职业前景使他们更加积极地投入于工作中，并愿意继续追求更高的职业目标。

三、有利于促进学生的全面发展

专业发展的教师能够更有效地支持学生的全面发展。这种支持不仅体现在学术方面，还包括社交和情感成长。通过学习和掌握先进的教育理念和技术，教师能够更好地设计课程和活动，满足学生的个性化学习需求，促进他们的综合素质提升。

教师通过参与专业发展可以掌握最新的教育理念和教学技术，从而设计出更加符合学生需求的课程。例如，学习先进的教学策略如项目式学习（Project-Based Learning）、翻转课堂（Flipped Classroom）和差异化教学（Differentiated Instruction），使教师能够在课堂上更加灵活地满足不同学生的学习需求。项目式学习鼓励学生通过实际项目的完成来掌握知识，这种方式不仅帮助学生更深入地理解学科内容，还培养了他们的问题解决能力和团队合作精神。翻转课堂则将传统的课堂讲授内容移至课外，通过课堂上的互动和讨论来巩固知识，这种方式提高了学生在课堂上的参与度和实践能力。差异化教学则允许教师根据学生的不同学习风格和能力水平调整教学内容和方式，从而满足每个学生的个性化需求，提高学习效果。专业发展的教师可以利用创新技术和工具来丰富课堂活动和学习体验。例如，通过使用互动白板、在线学习平台和教育应用程序，教师能够创建更具互动性和参与感的学习环境。互动白板能够让学生在课堂上积极参与讨论和演示，使学习过程更加生动和有趣。在线学习平台可以为学生提供额外的学习资源和练习题，让他们在课外时间也能继续学习和巩固知识。教育应用程序则能够根据学生的学习进度和表现提供个性化的反馈和建议，帮助学生及时纠正错误。这些技术不仅增强了课程的互动性，还使教师能够实时监测学生的学习进展情况，根据需要调整教学策略，以满足他们的个性化需求。专业发展通常包括学习有关学生心理发展和情感支持的知识，使教师能够更好地理解和支持学生的情感需求。例如，教师可以学习如何创建一个具有包容性和支持性的课堂环境，帮助学生建立积极的自我概念和健康的同伴关系。教师通过学习和应用积极心理学和社会情感学习（SEL）方法，能够帮助学生提高自我认识、情感管理和人际交往能力。这种支持有助于学生在学校环境中感受到安全感和归属感，从而促进他们的整体发展。专业发展的教师能够更好地设计和实施课外活动和项目，这些活动对于学生在学术之外的发展至关重要。教师可以组织各种课外兴趣小组、社团活动和社区服务项目，为学生提供丰富的实践机会。例如，教师可以创建艺术、科技、运动或社会服务等主题的小组，鼓励学生在这些活动中探索和发展自己的兴趣和才能。通过参与这些课外活动，学生不仅能够拓展自己的知识面，还能培养领导力、团队合作能力和社会责任感。这些活动还能够增强学生的自信心和自主性，帮助他们在学术之外获得全面的发展。

四、有利于推动教育创新

教师专业发展是推动教育创新的关键因素。通过参与专业发展项目和教育研究，教师能够接触到最新的教育技术和教学模式，这些新知识和新方法使教师能够引入创新的教学理念，从而推动教育实践的变革，并提升整个教育系统的效能和适应性。教师在专业发展中获取的最新教育技术和教学模式为他们提供了丰富的创新工具和策略。例如，教师通过学习如何利用数字技术和教育应用程序，可以在课堂上实施更加互动和个性化的教学方法。通过引入像虚拟现实（VR）、增强现实（AR）等前沿技术，教师能够打造沉浸式学习体验，使学生能够以全新的方式探索和理解知识。这种技术的应用不仅能够增强学生的学习兴趣和参与度，还能够帮助教师实现更高效的教学效果。专业发展还使教师能够了解和采用新的教学模式，如翻转课堂、项目式学习和混合学习（Blended Learning）。这些模式的引入使得教学方法更加多样化和灵活。例如，翻转课堂通过将传统的课堂讲授内容转移到课外，释放了课堂时间并用于更多的互动和实践活动中，从而提高了学生的主动学习能力。项目式学习则通过实际项目的完成，让学生在解决真实问题的过程中学到知识，培养他们的综合能力和团队合作精神。这些创新教学模式的引入，有助于提升学生的综合素质和适应能力。

教师在专业发展中参与的教育研究还能够为教学实践带来新的见解和方法。通过研究最新的教育理论和实践，教师能够不断更新和优化他们的教学策略。例如，教师可能通过研究发现某种新的教学方法或策略在提升学生学习效果方面的有效性，并将这些发现应用到课堂教学中。这种基于研究的教学创新不仅能够提高教学质量，还能够促进教育实践的不断进步。专业发展不仅有助于教师自身的成长，也对整个教育系统的效能和适应性产生了积极影响。教师通过引入新的教学方法和技术，可以推动学校和教育机构在教学实践中的创新，提升教育系统的整体水平。教育系统通过不断创新和改进，能够更好地适应不断变化的教育需求和社会发展趋势，为学生提供更优质的教育服务。教师能够接触和学习最新的教育技术和教学模式，进而引入创新的教学方法和理念。这种创新推动了教育实践的变革，提升了教育系统的效能和适应性，从而为学生提供了更加优质和有效的教育体验。

第二节　传统文化对教师职业素养的提升

一、道德修养与师德建设对教师职业素养的提升

（一）传统美德的传承

传统文化中蕴含着丰富的道德思想，如仁、义、礼、智、信等，这些价值观可以帮助教师提升自身的道德修养。通过学习和践行传统文化中的美德，教师会更加注重自身的品德修养，成为学生的道德榜样。

传统文化中的“仁”思想强调爱人、爱己、爱众生。教师在教学过程中，要以仁爱之心对待每一个学生，尊重学生的个性和需求，关心他们的成长和发展。通过仁爱之心，教师不仅能营造和谐的师生关系，还能激发学生的学习兴趣和积极性，促进其全面发展。“义”是传统文化中强调的公正、正义和责任。教师在教学中要坚持公平、公正，对学生一视同仁，不偏袒任何一方。教师还需要具备高度的责任感，认真备课、教学，及时解决学生的问题和困难，以高度的责任感对待自己的工作，赢得学生的尊重和信任。“礼”是传统文化中的重要价值观，强调尊重他人、礼貌待人。教师在日常教学中要以身作则，礼貌待人，尊重学生，培养学生的礼仪习惯和文明行为。通过教师的示范作用，学生可以学会如何与人相处，如何在社交场合中表现得体，养成良好的行为习惯。“智”是传统文化中的智慧、知识和能力。教师要不断学习和提升自己的专业知识和教学能力，保持教育理念和方法的更新。通过不断学习和自我提升，教师可以为学生提供更加优质的教育服务，帮助学生更好地理解和掌握知识，提高他们的学习能力和综合素质。“信”是传统文化中的诚信和信任。教师在教学中要讲诚信，言行一致，言必行，行必果。教师的诚信和信任不仅能赢得学生的信任，还能建立良好的师生关系，促进教学效果的提升。通过诚信教育，学生也能学会如何诚实待人，如何在生活和学习中建立良好的信任关系。通过学习和践行传统文化中的这些美德，教师可以不断提升自己的道德修养。教师不仅要在课堂上传授知识，还要在日常生活中以身作则，言传身教，通过自己的实际行动影响和引导学生。只有教师自身具备高尚的道德品质，才能更好地教育和引导学生，培养他们成为具有良好道德修养和社会责任感的人才。

（二）师德规范的强化

传统文化强调师道尊严和教师的社会责任，这与现代教育对师德的要求高度契合。教师可以更加明确自身的责任和使命感并树立良好的师德形象。

古代教育家孔子提出了“有教无类”的教育理念，认为每个学生都有受教育的权利，教师应平等对待每一个学生。这种思想要求教师具备宽广的胸怀和无私的奉献精神，以促进学生的全面发展。教师可以深刻体会到自身职业的崇高使命，增强责任感和使命感，激发内在的职业道德追求。传统文化中的教师形象不仅是知识的传播者，更是道德的践行者和榜样。《礼记·学记》云："师者，所以传道授业解惑也。"教师不仅要传授知识，还要以身作则，示范道德行为。现代教育同样强调教师的示范作用，要求教师在日常教学和生活中树立良好的道德形象。通过学习和践行传统文化中的道德理念，教师可以不断提升自身的道德修养，在学生面前树立榜样。古代学者强调"修身、齐家、治国、平天下"，认为个人的道德修养与社会的和谐发展密不可分。教师作为社会中的教育者，肩负着培养下一代的重任，需以身作则，推动社会进步和发展。教师需要深刻理解自己的社会责任，主动参与社会公益活动，关心学生的全面发展，促进社会的和谐与进步。在具体实践中，教师可以通过学习经典文献，如《论语》《孟子》《礼记》等，深刻理解传统文化中的师道精神和道德理念，从中汲取智慧，提高自身的道德修养。在日常教学中以身作则，践行传统文化中的道德观念，关心学生的成长和发展，以实际行动树立良好的师德形象。通过课堂教学和课外活动，向学生传授传统文化中的道德理念和社会责任感，培养学生的道德品质和社会责任意识。同时，教师应定期进行自我反思，总结教学和生活中的道德行为，不断提升自身的职业道德水平，追求更高的道德境界。传统文化中的师道尊严和社会责任观念与现代教育对师德的要求高度契合。通过学习和践行传统文化，教师可以明确自身的责任和使命感，进而促进学生的全面发展和社会的和谐进步。

二、教学能力与教育智慧对教师职业素养的提升

（一）教学内容的丰富

传统文化为教学内容提供了丰富的素材，如经典文学、历史故事、传统

艺术等，这些都可以融入教学中，增强课堂的趣味性和教育效果。教师可以通过传统文化的融入，激发学生的学习兴趣和求知欲望。

教师可以在语文课程中引入这些经典作品，通过诵读、赏析和讨论，帮助学生理解作品中的思想和情感，培养他们的文学素养和审美情趣。例如，在学习《论语》时，教师可以结合孔子的生平故事和儒家思想，帮助学生理解其中的道理和智慧，从而激发他们的求知欲望。教师可以在历史课程中利用这些故事，通过讲述人物的事迹和事件的发展，帮助学生更好地理解历史背景和文化脉络。例如，在讲解三国时期的历史时，教师可以通过《三国演义》中的故事，让学生了解当时的社会状况和人物关系，从而加深对历史事件的认识和理解。教师可以在艺术课程中教授这些传统技艺，通过实践和体验，增强学生的动手能力和艺术修养。例如，在书法课程中，教师可以教授学生书写基本笔画和结构，同时介绍书法的历史和名家作品，使学生在练习中感受到传统艺术的魅力；在历史课程中，教师可以介绍古代科技成就，如四大发明、天文历法等，让学生了解中华民族在科技发展中的贡献；在地理课程中，教师可以结合古代地理知识和探险故事，帮助学生理解地理环境和人文地理的关系。教师不仅可以丰富教学内容，增强课堂的趣味性，还能帮助学生建立文化认同感和自豪感。在教学过程中，教师可以采用多种教学方法，如情境教学、小组讨论、角色扮演等，充分调动学生的积极性和参与度。例如，通过角色扮演，让学生扮演历史人物，重现历史场景，体验不同角色的情感和思想，从而更深刻地理解历史和文化。同时，通过传统文化的学习，学生可以加深对中华文化的理解和认同，培养良好的文化素养和审美情趣，成为全面发展的高素质人才。

（二）教学内容的丰富

传统文化中蕴含着丰富的教育智慧，如孔子的因材施教、孟子的性善论等，这些教育思想对现代教育具有重要的借鉴意义。通过学习和借鉴传统文化中的教育智慧，教师可以更好地理解和运用教育规律。孔子的因材施教思想强调教育要根据学生的个性特点和能力水平，采用不同的教学方法和策略。孔子主张“有教无类”，认为每个学生都有学习的潜力和权利，教育不应一刀切，而应因人而异。现代教育中，个性化教育和差异化教学越来越受到重视。教师可以借鉴孔子的因材施教理念，根据学生的不同特点，制订个性化的教学计划，选择适合的教学方法，帮助每个学生发挥其潜能。例如，对于学有余力的学生，可以提供更高难度的学习任务，激发他们的思维和创造力；对于学习困难的学生，可以采取更加细致的辅导和支持，帮助他们克服学习中的困难。孟子的性善论认为人性本善，教育的目的在于引导和激发人内在的善良本性。这一思想强调了道德教育的重要性，认为教育不仅是知识的传授，更是道德品行的培养。德育是不可或缺的一部分。教师可以借鉴孟子的性善论，在日常教学中注重学生的道德教育，帮助他们树立正确的价值观和人生观。例如，通过道德故事、社会实践、榜样示范等方式，引导学生理解和践行真善美的道德规范，培养他们的社会责任感和公民意识。除此之外，传统文化中的许多教育智慧对现代教育也有重要的启示作用。例如，老子的“无为而治”思想强调顺应自然，不强制干预，给学生提供自由发展的空间。这一思想可以应用于现代教育中的自主学习和探究学习中，通过创设宽松的学习环境，鼓励学生自主探究、独立思考，培养他们的创新能力和自学能力。再如，庄子的“逍遥游”思想强调心灵的自由和精神的超越，教师可以通过丰富多彩的课外活动和艺术教育，帮助学生拓宽视野、陶冶情操，实现身心的全面发展。在具体的教学实践中，教师可以通过以下方式借鉴和运用传统文化中的教育智慧。（1）学习经典文献。教师可以通过阅读和研讨《论语》《孟子》《大学》《中庸》等经典文献，深入理解其中的教育思想和智慧，并将其融入日常的教学实践中。（2）教学方法创新。教师可以结合传统教育思想，创新教学方法。例如，采用个性化教学、合作学习、项目式学习等，满足不同学生的学习需求，提升教学效果。（3）道德教育渗透。教师可以在各科教学中渗透道德教育，通过故事讲解、情境创设、榜样引导等方式，培养学生的道德品质和社会责任感。（4）丰富课外活动。通过组织丰富多彩的课外活动，如传统文化体验、社会实践、艺术创作等，拓宽学生的视野，提升他们的综合素质。（5）教师专业发展。教师要不断学习和提升自身的专业素养，了解和掌握教育规律，将传统文化中的教育智慧与现代教育理论相结合，提高教育教学水平。总之，传统文化中的教育智慧为现代教育提供了宝贵的资源和启示。教师通过学习和借鉴这些智慧，可以更好地理解和运用教育规律，培养学生的全面素质，促进他们的健康成长和全面发展。

三、文化素养与专业发展对教师职业素养的提升

（一）文化素养的提升

通过对传统文化的深入学习和理解，教师可以提升自身的文化素养。这不仅有助于教师个人的成长，也能够在教学过程中更好地传递文化知识和价值观，进而为学生树立良好的文化榜样。教师对传统文化的理解和融会贯通，使其在课堂教学中能够自然地融入传统文化元素，使教学内容更加丰富和生动。这种文化素养的提升，不仅能够帮助教师更好地解读和讲授传统文化的经典文本和历史背景，还能够引导学生深入了解和尊重传统文化的精髓，培养他们的文化认同感和自豪感。教师在自身文化素养的提升过程中，还能通过传授传统文化中的价值观，如仁爱、诚信、尊重等，来塑造学生的品德和行为方式。这些传统美德有助于学生在成长过程中形成正确的价值观和社会责任感，从而更好地适应社会的发展需求。通过对传统文化的深入学习，教师能够在教学中更好地运用传统文化的教育智慧，如因材施教、重视道德教育等，从而提升教学的有效性和趣味性。教师不仅是知识的传授者，更是文化的传播者和引导者。提升教师的文化素养，不仅能够丰富课堂内容，还能够为学生提供更为广阔的文化视野，促进他们的全面发展。

（二）专业发展的助力

传统文化中的教育理念和方法为教师的专业发展提供了丰富的资源和灵

感。这些理念和方法不仅深植于中国悠久的历史中，也为现代教育提供了宝贵的借鉴和启示。例如，孔子的因材施教思想强调了教育要根据学生的个性特点和能力水平量身定制，这一理念在现代教育中尤为重要。教师通过学习孔子的教育思想，可以更好地理解如何根据学生的不同需求和能力制定个性化的教学策略。这种方法有助于提升教学的效果，使每个学生都能在适合自己的学习环境中发挥潜力，从而实现更高效地学习。

在现代教育中，教师可以借鉴孟子的教育理念，在教学过程中融入道德教育，关注学生的品德培养。这不仅有助于学生形成正确的价值观和社会责任感，还能够促进学生全面地成长和发展。老子的无为而治思想则强调顺应自然和给予学生自主发展的空间，这一理念为现代教育中的自主学习和探究学习提供了宝贵的参考。教师可以通过学习老子的教育思想，设计出更加开放和宽松的学习环境。这种方法有助于提升学生的创新能力和自主学习能力，使他们在学习过程中更加积极主动，从而实现更全面的能力发展。传统文化中的教育方法，如古代教育家的教学实践，也为现代教师提供了丰富的教学策略。例如，古代教育家在教学过程中常常注重启发式教学和情境教学，这些方法可以激发学生的思维，提高他们的学习兴趣。教师通过借鉴这些古代教育方法，可以丰富自己的教学手段。通过深入学习和理解传统文化中的教育理念和方法，教师不仅能够拓宽自己的教育视野，还能够将这些智慧有效地应用到教学实践中。这种结合有助于提升教师的专业能力和水平，使教学更加生动和富有成效。同时，教师也能够在教学过程中传递和弘扬传统文化的价值观，为学生树立良好的文化榜样，促进学生的全面发展。

四、沟通能力与师生关系对教师职业素养的提升

（一）沟通技巧的优化

传统文化中注重人际关系和沟通艺术，如《论语》中的交际智慧，为教师提升与学生、家长和同事的沟通能力提供了宝贵的参考。《论语》中孔子

的言行体现了深刻的沟通智慧，强调了尊重、理解和诚恳的重要性，这些原则对教师的教育沟通具有很高的指导价值。

《论语》中许多教导，如“己所不欲，勿施于人”、“礼之用，和为贵”等，强调了沟通中应注重对他人的理解和尊重。这些智慧可以帮助教师在日常的教育工作中更好地与学生、家长和同事进行沟通。例如，在与学生的沟通中，教师可以运用这些原则，尊重学生的意见和感受，理解他们的需求和困惑，从而建立更为和谐的师生关系。这种尊重和理解能够增强学生的信任感，提升他们的学习积极性和参与度。在与家长的沟通中，教师可以借鉴《论语》中的沟通技巧，如以诚待人、耐心倾听等，建立良好的家校合作关系。这不仅有助于增强家长对教育工作的理解和支持，还能够共同为学生的成长和发展提供有力的支持。通过有效的沟通，教师可以更清晰地传达教学目标和期望，与家长共同制定适合学生的教育方案，推动学生的全面发展。教师可以通过学习《论语》中的原则，提升与同事之间的合作和协调能力。尊重他人的观点、善于倾听和表达自己的看法，可以促使团队成员之间的关系更加融洽，提高教学工作的整体效率和质量。

（二）师生关系的改善

传统文化中的尊师重道思想深刻体现了教师在教育中的重要地位，同时也强调了教师对学生的关爱和尊重。这一思想源自中国古代对教育和师道的重视，如《论语》中孔子的言教和身教，强调了尊重教师的地位与教师应当承担的责任。教师不仅需要增强自身的职业认同感，还要在实践中更好地体现这一思想，从而构建和谐的师生关系，营造良好的教育环境。

教师被视为知识的传授者和道德的引导者。这要求教师不仅要具备扎实的学识，还要树立良好的榜样。通过学习传统文化中的尊师重道理念，教师能够更加明确自身在教育中的使命，提升自身的职业道德水平，从而更好地履行教育职责。这包括了解和关注学生的个体差异、需求和感受，给予他们适当的支持和鼓励。教师通过尊重学生的个性和独特性，建立一种平等、理解和充满关怀的师生关系，可以帮助学生树立自信心，激发他们的学习兴趣和主动性。这样的师生关系能够营造一个积极向上的教育环境，使学生在身心上都能得到全面的发展。教师通过尊重和理解家长的关切，与家长保持良好的沟通，可以共同关注学生的成长和发展。家长的支持和配合对于学生的教育是至关重要的。通过有效的沟通和合作，教师和家长能够形成教育合力，共同为学生创造一个良好的学习和成长环境。教师应该尊重和理解同事的意见和建议，积极配合和支持团队工作，可以促进教师团队的合作与发展。这种团队合作精神能够提升整体的教学质量和教育效果，为学生提供更加优质的教育服务。通过对传统文化中尊师重道思想的学习和实践，教师不仅能够提升自身的职业素养，还能够在教学中更好地体现这一理念，从而建立和谐的师生关系。这种尊重和关爱的态度不仅有助于学生的全面发展，也能够促进教育的整体进步和水平的提升。

第三节　教师培训中的传统文化内容

一、传统文化知识的基础培训

（一）内容

教师掌握中国历史、传统节日、民俗习惯、经典文学和哲学思想等基础知识，对于在课堂上准确讲解和传授传统文化至关重要。这些知识不仅为教学提供了丰富的内容，也帮助教师建立起与学生之间的文化联系。

了解中国历史是教师掌握基础知识的重要部分。中国历史源远流长，从古代的夏商周到现代的中华人民共和国，各个历史时期的重大事件、重要人物和朝代更替，都对中国的传统文化产生了深远的影响。教师通过深入了解中国历史，能够在课堂上准确地介绍历史背景，解释历史事件对传统文化的影响。这种历史知识的积累，使教师能够帮助学生理解中国文化的根源和演变，提高他们对历史的兴趣，并促使其更加全面地理解中华文化的内涵。中国的传统节日，如春节、中秋节、端午节等，都是中华文化的重要组成部分。每一个节日都有其独特的起源、习俗和文化意义。教师通过掌握这些节日的相关知识，可以在课堂上生动地介绍节日的传统习俗和文化背景，帮助学生了解节日的历史和意义。通过组织节日庆祝活动或相关的课堂项目，教师能够让学生亲身体验节日文化，从而增强他们对传统文化的兴趣和认同感。不同地区有着各自独特的民俗习惯，这些习惯涵盖了传统的婚丧嫁娶、节庆习俗等方面。教师通过了解这些习俗，可以在课堂上介绍各种民俗文化，帮助学生理解中国各地的文化多样性和独特性。这样，学生不仅能够获得广泛的文化知识，还能学会尊重和欣赏不同的文化背景，培养跨文化理解的能力。中国古代经典文学作品，如《诗经》《楚辞》《红楼梦》和《西游记》，不仅在文学史上具有重要地位，也蕴含着丰富的文化和历史信息。教师通过学习这些经典文学作品，可以在课堂上引导学生阅读和分析，从中提取出文化精髓，培养学生的文学素养和审美能力。这些经典作品的学习，不仅丰富了教学内容，还帮助学生更好地理解传统文化的核心价值观和社会风貌。儒家、道家、墨家和法家等哲学思想体系在中国文化中占据着重要位置。这些思想体系涵盖了道德伦理、社会秩序、自然哲学等方面的内容。教师通过掌握这些哲学思想，能够在教学中介绍中国传统的价值观和社会规范，帮助学生理解和吸收这些文化精髓，提高他们的思辨能力和道德水平。

（二）具体方式

教师可以通过讲座、研讨会、阅读经典书籍和资料等多种形式进行传统文化的学习和提升。这些方式不仅丰富了教师的知识储备，也为他们提供了多角度、多层次的学习体验。

专家讲座通常涵盖广泛的内容，包括历史背景、文化传统、经典作品解析等，都能帮助教师深入理解传统文化的各个方面。讲座还可以提供互动的机会，教师能够向专家提问，解决在教学中遇到的具体问题，获得有针对性的指导和建议。在研讨会上，教师可以与同行分享学习经验、教学方法和研究成果，共同探讨传统文化在现代教育中的应用和面临的挑战。通过这种集体讨论，教师不仅可以获得新的视角，还可以在实践中反思和改进自己的教学策略。研讨会的互动性和讨论性有助于激发教师的思维，促使他们更加深入地理解和运用传统文化知识。通过阅读传统文化经典，如《论语》《道德经》《诗经》等，教师可以深入了解传统文化的核心理念和思想。这些经典书籍不仅包含了丰富的文化智慧，还反映了古代教育家的教育思想和方法。阅读相关的学术资料和研究论文，可以帮助教师跟进当前的研究动态，了解传统文化研究的最新进展。通过系统地阅读，教师能够更好地整合和运用传统文化知识，从而提升自己的文化素养和教学水平。结合讲座、研讨会和阅读，还可以进行实地考察和实践体验。例如，教师可以参观历史遗址、博物馆、传统工艺作坊等地，亲身体验传统文化的实际表现。这种实践活动有助于加深对传统文化的理解，使理论知识更加具体和生动。

二、传统文化教育方法和技巧

（一）内容

将传统文化融入课堂教学是提升学生兴趣和参与感的有效方法。教师可以采用故事讲述、角色扮演和传统游戏等多种教学方法，以增强课堂的互动性和趣味性，同时帮助学生更好地理解和体验传统文化。

故事讲述是一个引人入胜的教学方法，通过生动的故事，教师可以将传统文化的核心内容和价值观传达给学生。例如，在讲解《西游记》时，教师可以通过生动的故事情节和角色描述，激发学生对中国古代文学的兴趣。同时，教师可以结合故事中的道德教育内容和历史背景，帮助学生理解其中的文化内涵和社会价值。故事讲述不仅能提高学生的注意力，还能培养他们的想象力和语言表达能力。角色扮演是一种互动性非常强的教学方法，通过让学生扮演历史人物或参与传统文化场景的模拟，能够让他们更加深入地体验和理解传统文化。例如，在讲解《论语》时，教师可以组织学生扮演孔子和他的弟子，重现经典对话和教育情景。学生可以更直观地感受到传统文化的教义和理念，同时增强他们的团队合作和表达能力。角色扮演也可以使抽象的文化概念变得更加具体和易于理解。传统游戏是另一种有效的教学方法，通过将传统文化中的游戏和活动引入课堂，教师可以让学生在愉快的氛围中学习和体验。例如，教师可以组织传统的中国棋类游戏，如象棋和围棋，帮助学生了解这些游戏的历史背景和规则，同时培养他们的策略思维和集中力。其他传统游戏，如端午节的龙舟竞渡和中秋节的灯笼制作，也可以在课堂上进行，让学生通过动手操作和参与活动，感受节日文化的乐趣和意义。

（二）具体表现

为了提升教师的教学能力和实际操作技巧，组织实践活动、模拟教学和案例分析等方法是十分有效的。这些方法不仅能帮助教师在实践中巩固理论知识，还能提高他们的教学技巧和解决实际问题的能力。

实践活动为教师提供了在真实或模拟环境中应用教学理论的机会。通过组织各种实践活动，例如课堂教学演练、教学实验和教育场景模拟，教师可以将学到的理论知识付诸实践，从而更好地理解和掌握教学方法。教师可以在实践活动中体验不同的教学情境，学习如何应对各种课堂挑战，逐步完善自己的教学策略。实践活动还可以包括参观其他学校的优秀教学案例，与同行进行交流和合作，分享经验和学习新方法。模拟教学通常包括教师自我录制教学视频、模拟课堂讨论、角色扮演等环节。这种方法能够帮助教师在没有学生的情况下，尝试和调整教学方法和策略。教师可以通过观看自己的教学视频，分析和改进教学中的不足之处，提升自己的教学效果。模拟教学还可以帮助教师掌握如何应对课堂突发情况，优化教学流程和互动方式。教师可以通过研究成功的教学案例和失败的案例，了解不同教学策略的效果和实施过程。案例分析通常包括对教学过程、学生反馈、教学结果等方面的详细分析，以找出最佳实践方式和潜在的问题。教师可以从案例中汲取经验，学习如何在教学中解决问题。案例分析还可以促进教师之间的讨论和交流，帮助他们从多角度理解教学面临的挑战并提出解决方案。

三、传统文化课程设计与开发

（一）内容

在设计适合不同年龄段的传统文化课程时，首先需要明确各个阶段的教学目标，以确保课程内容和教学方法符合学生的认知水平和发展需求。对于小学阶段，教学目标应该是培养学生对传统文化的兴趣，介绍基本的传统节日、习俗和经典故事，提高他们的文化认知。例如，教师可以通过简单易懂的故事和手工制作活动，让学生了解春节、中秋节等传统节日的由来和习俗，并介绍《三字经》《弟子规》等经典文学作品的基本内容。

进入中学阶段，教学目标则应转向深入理解传统文化的核心价值观和历史背景，培养学生分析和讨论传统文化在现代社会应用的能力。此时，教师可以选择包含传统文化经典的教科书和参考书，如《论语》《道德经》的解读本，结合课堂讨论和角色扮演等活动，让学生探讨儒家思想的核心概念，分析古代文学作品如《红楼梦》《水浒传》的文化背景和价值观。这样的设计有助于学生在思考和讨论中深化对传统文化的理解。对于高中阶段，课程设计应关注培养学生的文化鉴赏能力和批判性思维，鼓励他们自主研究和讨论传统文化与现代社会的关系。教师可以选择更具深度的经典文献和现代学术研究资料，如《红楼梦》的文学评论和《礼记》的哲学分析书籍，设计包括文化研究项目、跨学科的文化探讨以及传统文化与现代艺术结合的创作等活动。学生可以进行综合性的研究，探索传统文化在现代社会的应用和创新，提升他们的学术能力和文化素养。在选择教材时，针对不同年龄段的学生，应选择符合其阅读和理解能力的书籍和资料。小学阶段的教材应包括适合儿童阅读的传统文化读物，如插图丰富的图画书和故事书；初中阶段则需要选择包含传统文化经典的教科书和参考书；而高中阶段则应使用学术文章和文化研究论文，以满足更高的学术需求。设计课堂活动时，小学阶段可以通过故事讲述、手工制作和角色扮演等形式来增强学生的兴趣和参与感。初中阶段的活动可以包括讨论、分析传统文化对现代社会的影响，以及欣赏和分析传统艺术作品。高中阶段的活动则应包括文化研究项目、跨学科的探讨以及与现代艺术结合的创作，帮助学生进行深入的学术研究和实践探索。制定评价方法时，小学阶段可以通过观察学生的参与情况和完成的手工艺品，进行简单的知识测验和口头汇报来评估学生的学习效果。初中阶段则可以通过课堂讨论、论文作业和项目展示来评估学生的理解和分析能力。高中阶段的评价则应包括综合性研究项目、学术论文和跨学科的综合评价，以评估学生的批判性思维和文化应用能力。

（二）具体体现

课程开发框架和模板是帮助教师设计和实施传统文化课程的重要工具。课程目标设定包括明确课程的总体目标和具体学习目标，如知识目标、能力目标和情感目标，并根据学生的年龄段和认知水平设定短期和长期的学习目标。

在教材和资源选择方面，需要选择适合不同年龄段的传统文化教材，整合相关的教学资源，如课件、视频、音频和实物展示等。在设计课堂活动方面，需要通过丰富的形式，如手工制作、文化探究项目、传统游戏等，提升学生的实际操作和参与能力。评估与反馈阶段包括制定评价学生学习效果的方法，如测验、作业、项目展示等，并设置学生和教师的反馈机制，及时调整和优化课程内容和教学方法。在课程实施方面，制订详细的教学计划，包括每节课的教学内容、活动安排和时间分配，并在课堂上管理学生的学习活动，保持良好的教学秩序。课程评估与改进环节则通过学生的表现和反馈评估课程的效果，识别课程中的优点和不足，根据评估结果持续改进课程内容和教学方法，优化课程实施。在设计工作坊中，教师应该掌握课程开发的基本技能，内容包括课程目标设定、教学内容设计、课堂活动策划和评估方法制定等，以获得实践机会。在评审活动方面，需要通过讲座、讨论、案例分析和实际操作等形式进行，参与者包括教师、课程设计专家和教育研究人员。其目的是对教师设计的课程进行评价和优化，包括课程设计的创新性、实用性和教学效果等。教师提交课程设计方案，专家组进行评审和提供反馈和改进建议。在鼓励创新方面，需要提供资源和平台支持教师在课程设计中的创新实践，如教学资金和实验机会。同时定期组织经验分享会，邀请教师展示和讨论他们的课程设计成果和创新方法。

四、传统文化与现代教育的融合

（一）内容

将传统文化与现代教育理念和技术相结合，可以通过多媒体、虚拟现实、增强现实等技术手段，丰富教学内容并提升教育效果。例如，可以利用多媒体技术制作互动课件，将传统文化的经典故事、节日习俗和工艺制作过程通过动画、视频和音频呈现，增强学生的视觉和听觉体验。电子图书的数字化也能让学生随时随地阅读经典文学和传统文化书籍，结合插图和音频朗读，增强学习的趣味性。

虚拟现实技术可以创建沉浸式的传统文化场景，让学生身临其境地体验古代宫廷、传统节日的庆祝方式等。通过模拟历史事件和传统仪式，学生可以以第一人称视角参与其中，从而更好地理解传统文化的背景和习俗。增强现实技术则可以将文化展示与互动学习相结合，在传统文化书籍或实物上应用增强现实技术，通过扫描二维码或图像，显示相关的多媒体内容如视频讲解和3D模型，提升学习的互动性并拓展深度。在线平台和应用程序也能为传统文化的学习提供支持，发布数字化的学习资源，包括视频讲座、课程模块和在线测试，学生可以通过这些平台进行自主学习。同时，线上互动社区可以促进学生、教师和传统文化专家之间的交流，举办虚拟讨论会和讲座，帮助学生更深入地了解传统文化。在游戏化学习方面，开发与传统文化相关的教育游戏可以通过游戏的形式让学生在参与中学习，比如设计以传统节日为主题的益智游戏或角色扮演游戏，激发学生的学习兴趣和积极性。设置与传统文化相关的任务和挑战，如传统工艺制作和文化知识竞赛，也能提高学生对传统文化的理解和应用能力。这些现代技术手段和理念的结合，不仅能使传统文化以更生动、有趣的方式呈现给学生，还能提升他们的学习体验和文化认同感，为传统文化在新时代的传承和发展注入新的活力。

（二）具体方法

举办专题讲座和工作坊，可以有效地促进传统文化与现代教育技术的融合，激励教师进行创新和实验。教师可以获得最新的教学方法和技术手段，分享和学习成功的融合案例，并获得实践经验和专业支持。

专题讲座可以邀请专家、学者或成功实践者，介绍如何将传统文化内容有效地融入课堂教学中，并展示具体的案例和应用效果。讲座中可以包括技术工具的使用演示、案例分析和问题解答等环节，使教师能够深入了解如何利用现代技术增强传统文化教学的效果。同时，讲座也可以鼓励教师积极参与讨论，分享他们在教学实践中的经验和挑战，从而促进交流和合作。教师可以在指导下使用多媒体工具、虚拟现实或增强现实技术进行教学设计，开发适合不同学科和年龄段的课程内容。在工作坊中还可以设置互动环节，让教师在小组合作中进行创意构思和实际操作，测试和改进他们的教学方案，同时还可以安排经验分享环节，邀请那些已经成功实施传统文化与现代教育技术融合的教师，分享他们的实践经验和成果。这不仅能为其他教师提供实用的参考，还能激发他们的创新灵感。工作坊结束后，可以组织评审活动，鼓励教师展示他们的设计成果，并根据实践效果进行评估和反馈，进一步提升教师的教学能力和专业水平。

第七章　优秀传统文化与校园文化建设

第一节　校园文化的定义与内容

一、校园文化的定义

由于校园文化这一社会现象的复杂性和特殊性，人们对校园文化的定义尚未达成共识，集中表现为以下三种理解。

（一）广义理解：校园文化的全面涵盖

1.定义

校园文化是一个综合性的概念，涵盖了校园环境、师生关系、教育理念以及各种活动和传统，体现了一个学校的整体教育氛围和精神面貌。它不仅包括校园中的物质文化，如校园建筑、设施和环境布置，还包括制度文化、行为文化、精神文化等方面。

物质文化指的是校园的具体环境和硬件设施，包括校园建筑风格、教室布局、图书馆、体育场馆等。这些元素为学生的学习和生活提供了基础条件，同时也反映了学校的文化定位和价值观。制度文化则涵盖了学校的规章制度、管理体系和教育政策。这些制度规定了学校的运行机制和行为规范，是维持校园秩序和促进教育目标实现的重要基础。制度文化的实施不仅影响学校的管理效率，也对师生的行为和态度产生深远影响。行为文化涉及师生在校园中的日常行为和互动模式。这包括教师的教学方法、学生的学习习惯、校园活动的组织方式等。行为文化反映了校园中的实际运作和人际关系，也体现了学校对教育目标和价值观的具体践行。精神文化是校园文化的核心，主要包括学校的教育理念、价值观和精神追求。这些精神文化的内涵不仅指导学校的教育实践，还塑造了学生的价值观和人生观。校园中的精神文化通常通过各种形式的文化活动、传统习俗、名人名言和校园标语等体现出来。校园文化的建设应当注重以上各方面的协调与统一。通过营造积极向上的校园环境、制定合理的制度、鼓励良好的行为习惯和明确的教育目标，学校能够形成独特的文化氛围，促进学生的全面发展和学校整体建设水平的提升。同时，校园文化也应该具有时代特征，随着社会的发展和教育的变化不断调整和更新，以满足新时代对教育的要求。

2.论述

校园文化的核心要素集中在精神文化上，即学校的教育理念、价值观和精神追求。广义上，校园文化不仅包括课堂教学，还涵盖了物质文化、制度文化和行为文化等多个层面。这种综合视角认为校园文化是一个多维度的综合体，涉及校园中的所有文化现象和活动。精神文化在这里扮演着核心角色，引导和影响着其他文化要素的形成和发展。

物质文化方面包括校园的物理环境和设施，如校园建筑风格、教室布局、图书馆、实验室等。这些元素不仅提供了学生学习和生活的基础条件，也反映了学校的文化定位和价值观。例如，一个设计现代化、环境优美的校园可以激发学生的学习热情和归属感，体现学校对教育质量的重视。这些制度不仅确保校园的正常运作，还对师生的行为和态度产生深远影响。良好的制度文化能够促进校园的有序管理，保障教育目标的实现，同时也为学生提供明确的行为规范和成长路径。行为文化涉及师生在校园中的日常行为和互动方式，包括教师的教学方法、学生的学习习惯、校园活动的组织方式等。行为文化不仅反映了校园的实际运作，还体现了学校对教育目标和价值观的具体践行。例如，积极的师生互动和良好的学习习惯能够促进学生的全面发展和学习成效的提升。校园文化具有时代特征，意味着它随着社会的发展和教育的变化而不断调整和演变。这种文化的统一性和适应性使得校园文化能够与时俱进，满足新时代对教育的需求。这种视角有助于理解校园文化的多样性和复杂性，包括课堂授课文化和课外活动文化等多个层面。在实际应用中，对于这种广义校园文化的理解和运用可以帮助学校营造综合的文化氛围。优化校园环境、制定合理的校规制度、促进良好的师生互动和组织丰富的校园文化活动，都是提升校园文化建设水平的重要方面。通过关注这些方面，学校能够创建积极向上的教育环境，增强学生的归属感和参与感，并促进学校办学水平的整体提升。

（二）介于广义和狭义之间的理解：校园文化的课外活动侧重

1.含义

校园文化作为一种独特的群体文化，主要以校园内的生活成员为主体，通过课外文化活动和日常互动在校园这个特定空间内形成和发展。其核心特征是校园精神，不仅体现了学校的教育理念和价值观，也反映了学校对学生成长的关注和对教育质量的追求。校园文化的主体是学校中的学生、教师和职员等成员。他们是校园文化的创造者和传播者，通过日常的互动、学习和活动，共同塑造校园文化的氛围和特征。教师在校园文化中扮演着重要的角色，他们不仅是知识的传授者，也是学生的榜样和引导者。学生则是校园文化的主要参与者，他们的行为、兴趣和价值观直接影响校园文化的形成。同时，职员和学校管理层也通过制定政策和管理实践，影响着校园文化的日常运作和发展方向。校园文化的内容主要包括课外文化活动。这些活动是校园文化的主要载体，涵盖了丰富多彩的形式，如社团活动、兴趣小组、体育比赛、文艺演出等。这些活动不仅丰富了学生的课外生活，也为他们提供了展示才能、培养兴趣和增强团队合作能力的机会。例如，校园的文化节、运动会、辩论赛等活动，不仅激发了学生的积极性和创造力，还加强了他们的团队精神和社会责任感。学生可以在实践中学习和成长，体会到校园文化的独特魅力和价值。

校园环境的设计、设施的布局以及整体的氛围，都对校园文化产生着深远的影响。现代化的校园建筑、绿意盎然的校园环境、功能齐全的公共区域等，都会影响到学生的学习和生活体验。一个舒适、充满活力的校园环境，能够激发学生的学习兴趣和创造力，增强他们对校园的归属感和认同感。校园环境中的艺术装置、文化标语、历史遗迹等，也能够传递学校的文化理念和展现其精神风貌，使校园文化更加生动和有趣。校园精神是校园文化的核心特征，体现了学校的教育目标、价值观念和精神追求。校园精神通过学校的教育理念、教学方法、师生关系以及校园氛围等方面得以展现。例如，一所学校可能强调自主学习和创新精神，将这些理念融入课堂教学和课外活动中，从而形成了以创新和自我发展为特征的校园文化。再比如，一些学校可能注重品德教育和社会责任感，通过各种形式的道德教育和公益活动，培养学生的责任感和社会意识。这些校园精神不仅影响着学校的教育实践，也塑造了学校的文化形象和社会声誉。校园文化不仅仅是课外活动的简单叠加，而是通过各种文化活动和校园环境的相互作用，逐渐形成综合性的文化氛围。它不仅影响学生的学习和生活，还对学校的整体教育质量和发展起到积极促进作用。通过营造积极向上的校园文化，学校能够提升教育效果，增强师生的归属感和凝聚力。在实际的教育实践中，校园文化的建设需要学校领导的重视和全体成员的共同参与。学校应当制定明确的文化建设目标，营造积极向上的文化氛围，组织丰富多彩的课外活动，优化校园环境，强化师生的互动和沟通。同时，学校还应关注学生的需求和反馈，调整和完善校园文化建设的策略和措施，确保校园文化能够与时俱进，满足新时代教育的要求。校园文化是一种以校园为空间，以生活成员为主体，以课外活动为内容，以校园精神为特征的群体文化。它通过多方面的互动和实践，形成了学校独特的文化氛围，对学生的成长和学校的发展起到了重要的推动作用。通过加强校园文化建设，学校能够创造良好的教育环境，提升教育质量和学校的整体办学水平。

2.表现

校园文化是学校的独特文化氛围，在校园生活的各个方面都会体现出来，影响着每一个生活在校园中的成员。作为一种群体文化，校园文化主要依托于校园这一空间，通过生活成员的互动和课外活动的组织，形成具有时代特征和教育目标的精神文化。

在校园文化的形成过程中，校园内的生活成员，包括学生、教师、职员等都扮演着至关重要的角色。他们不仅是校园文化的主要传播者和承载者，也是其塑造者。每个人的行为、态度和价值观，都对校园文化的形成和发展产生深远的影响。教师通过日常教学和与学生的互动，将学校的教育理念和价值观融入教学过程中，影响着学生的思想和行为。学生则通过参与各种课外活动、社团组织和校园活动，展现个性，表达自我，进一步丰富和扩展校园文化的内涵。校园文化的核心在于课外文化活动。这些活动不仅丰富了学生的校园生活，也为他们提供了展示才能、培养兴趣和加强团队合作的机会。课外活动涵盖了各种形式，学生能够在学术之外找到自己的兴趣点，发展个人才能，并在集体活动中培养团队精神和合作能力。例如，学校的文艺晚会和体育赛事不仅展示了学生的才艺和运动能力，还增强了师生之间的互动和交流，提高了学校社区的凝聚力。校园文化的空间依托于校园这一特定的物理环境。校园的设计、设施的布局、环境的美化等，都对校园文化的形成和传播起着重要作用。校园内的建筑风格、绿化环境、公共区域等，都能够影响到校园文化的感受和体验。一个设计现代化、环境优美的校园能够激发学生的学习热情和归属感。同时，校园环境也需要反映出学校的文化定位和价值观，营造舒适、友好的学习和生活环境。

校园精神通过学校的教育理念、教学方法、师生关系以及校园氛围等方面表现出来。校园精神不仅仅是口号和标语，更是通过具体的教育实践和日常活动体现出来的。例如，学校的教育理念可以通过课堂教学的方式传递给学生，师生之间的关系通过互动和沟通体现出尊重和理解，校园的整体氛围则通过各种文化活动和环境设计表现出积极向上的精神风貌。教师在教学过程中应注重将校园文化融入课堂教学中，以激发学生的兴趣和求知欲。同时，学校应通过组织丰富的课外活动和文化活动，鼓励学生积极参与，增强校园文化的影响力和感染力。只有在这种文化氛围下，学生才能在知识的学习和人格的成长中全面发展，学校才能实现其教育目标，培养出更多符合时代发展和社会需求的优秀人才。校园文化是学校教育的核心组成部分，通过生活成员的互动、课外活动的组织和校园环境的设计，形成了具有时代特征和教育目标的文化氛围。理解和重视校园文化的建设，对于提升学校的教育质量、促进学生的全面发展具有重要意义。通过不断优化校园文化，学校能够为学生创造一个更为优质的教育环境，促进其全面成长和发展。

（三）狭义理解：校园文化的艺术教育与文化活动

1.概念

校园文化不仅是学校教育的重要组成部分，也是学生全面发展的关键因素之一。它涵盖了学校在艺术教育、文化活动等方面的丰富实践，旨在提高学生的文艺素养，培养他们的综合素质和创新能力。校园文化通过多种形式的活动和社团组织，构建了充满活力和创意的学习环境，为学生提供了展示才能和发展兴趣的广阔平台。艺术教育不仅仅是对学生艺术技能的培养，更是对学生创造力、审美能力和综合素质的全面提升。通过音乐、美术、戏剧、舞蹈等艺术形式的学习，学生能够更好地理解和欣赏艺术作品，从而激发他们的创造力和想象力。艺术教育还帮助学生培养细致的观察力和敏锐的感受力，使他们能够更好地表达自己，提升个人的艺术修养和文化素养。艺术教育还在学生的情感发展和社会交往能力提升方面发挥了积极作用，使他们在团队合作和沟通中获得成长。这些活动包括校内的文艺晚会、音乐会、艺术展览、戏剧演出等，以及各类兴趣小组和社团组织的活动。学生能够在实践中体验和学习艺术，不仅提高了他们的艺术水平，还增强了其自信心和表达能力。文化活动的多样性和丰富性，为学生提供了展示自我的机会，同时也促进了他们的全面发展。例如，戏剧社团的排练和演出不仅锻炼了学生的表演技能，还提高了他们的团队合作能力和解决问题的能力。音乐社团的演出和练习则增强了学生的音乐素养和创造力，培养了他们的审美情趣和艺术鉴赏能力。

学校通过组织各种兴趣社团，如文学社、摄影社、辩论社等，为学生提供了丰富的课外活动选择。这些社团不仅丰富了学生的校园生活，也为他们提供了发展特长和兴趣的机会。社团活动的参与不仅有助于学生技能的提升，也促进了他们的社交能力和组织能力。通过社团活动，学生能够与志同道合的伙伴交流和合作，共同完成项目和活动。这不仅增强了学生的团队意识，也提高了他们的沟通能力和领导能力。学校应当重视校园文化的整体规划，制定切实可行的文化活动方案并进行实施，还需为各种文化活动提供必要的资源和支持。同时，学校还应鼓励教师积极参与文化活动的组织和开展，将校园文化融入日常教学中，增强文化活动的教育意义和实际效果。教师在课堂教学中可以结合艺术教育和文化活动，设计富有创意和趣味的课程，激发学生的学习兴趣和参与热情。学校可以通过家长会、社区活动等形式，与家长和社会各界合作，共同支持和推动校园文化的发展。家长的支持和参与不仅能够为学校提供更多的资源和帮助，也能够加强家庭与学校的联系。社会各界的支持和参与则能够为学校的文化活动提供更多的机会和平台，提升校园文化的影响力和扩大其传播范围。它不仅丰富了学生的校园生活，也为他们的全面发展提供了支持和保障。学校、教师、家长和社会各界的共同努力，将有助于构建充满活力和创意的校园文化环境，促进学生的全面成长和发展。通过不断丰富和优化校园文化，学校能够为学生创造更为优质的教育环境，培养出更多具有创新精神和综合素质的优秀人才。

2.体现

狭义理解的校园文化主要集中在艺术教育和各种文化活动上。这种理解方法关注的是校园文化中艺术性和娱乐性的部分，尤其强调通过这些活动提高学生的文艺素养。虽然这种视角能够有效地聚焦于艺术活动的实施和优化，但也存在一定的局限性，如可能忽略了校园文化的其他重要方面，包括校园环境、制度文化以及师生关系等。在实际应用过程中，这种理解能够使学校将资源和精力集中在艺术教育和文化活动的组织与管理上。例如，通过丰富的文化活动，如音乐会、艺术展览、戏剧表演等，学校能够为学生提供多样化的文艺体验，激发他们的艺术兴趣和创造力。艺术教育在这种狭义理解中占据核心地位，教师和学生的艺术参与度被高度重视，形成了一个以艺术为导向的校园文化氛围。校园文化不仅仅是艺术教育和文化活动的集合，还包括校园环境、制度文化、师生关系等多个方面。狭义的视角可能导致学校在关注艺术活动的同时忽视了校园文化的其他重要组成部分。例如，校园环境的建设，包括校园绿化、设施改善、文化氛围营造等，直接影响学生的学习和生活体验，而制度文化，包括学校的规章制度、管理制度、评价机制等，也在潜移默化中影响着学生的行为和学习态度。师生关系的和谐与否，直接关系到教育效果和学生的心理健康，然而这些方面往往在狭义的校园文化理解中被忽略。

在实践中，狭义理解的校园文化有其实际的应用价值，但也需要与校园文化的其他方面进行协调和融合。仅仅专注于艺术教育和文化活动可能会导致校园文化建设的片面性，学校应当在实施这些活动的同时，关注校园文化的全貌，确保艺术教育与其他文化因素的有机结合。例如，在组织艺术活动的同时，学校应注重改善校园环境，为文化活动提供良好的场所和设施支持。学校还需在制度文化上进行适当的调整，确保文化活动的顺利开展，并鼓励师生之间的良好互动，建立和谐的师生关系。为了弥补狭义理解的不足，学校可以采取综合性的校园文化建设策略。这包括将艺术教育与校园环境建设、制度文化优化和师生关系改善等方面相结合，形成一个多层次、多维度的校园文化体系。通过全面提升校园文化的各个方面，学校能够为学生创造一个更加丰富、和谐的学习环境，同时也能更好地促进学生的全面发展。艺术教育和文化活动的丰富多彩，将与校园环境的优化、制度文化的完善以及师生关系的和谐互补，共同塑造充满活力和创新的校园文化氛围。虽然狭义理解的校园文化主要集中在艺术教育和各种文化活动上，具有明确的目标和应用方向，但在实际操作中，学校需要注意将这一视角与校园文化的其他方面相结合。通过综合考虑艺术教育、校园环境、制度文化和师生关系等因素，学校能够构建更为全面和协调的校园文化体系，为学生的全面发展提供更好的支持和保障。

二、校园文化的内容

（一）课堂文化

1.教学理念

校园文化的形成与发展不仅仅是艺术活动和文化活动的简单叠加，更涉及教学目标、教学方法、课堂管理和师生互动等多个方面。这些理念和方法不仅反映了学校对教育的总体规划和期望，也深刻影响着学生的学习体验和发展。通过对这些方面的综合考量，学校可以更好地构建出适应时代发展需求的校园文化体系。

教学目标应当涵盖学科知识、技能培养、价值观教育等多个方面，体现出学校对学生全面发展的关注。例如，学校可以设定目标以促进学生的批判性思维、创造力和社会责任感，同时关注学生的学术成就和个人成长。这些目标为教师的教学提供了明确的方向，也为学生设定了成长的标尺。校园文化通过明确的教学目标，引导教师和学生在教育过程中保持一致的目标追求。学校应鼓励教师采用多样化的教学方法，包括传统讲授法、合作学习法、探究式学习法等。这些方法应当根据学生的实际情况和学科的特点进行调整，以提高课堂的互动性和学生的参与感。例如，探究式学习可以激发学生的好奇心和提升其自主学习能力，而合作学习则有助于培养他们的团队合作精神。通过不断创新和优化教学方法，学校可以营造积极、开放的学习氛围，使学生在学习过程中不仅获得知识，还培养出良好的学习习惯和技能。良好的课堂管理不仅能够维护课堂秩序，还能够促进学生的积极参与和合作学习。有效的课堂管理包括制定明确的规则和标准、采用合适的激励和惩戒措施，以及创建支持性的学习环境。教师在课堂管理中应注重公平、公正，尊重每位学生的个体差异，同时灵活应对课堂上出现的各种情况，以保证教学活动的顺利进行。通过科学的课堂管理，学校能够有效地推动教学活动的开展。良好的师生互动不仅能够建立和谐的师生关系，还能够促进学生的心理发展和提升其学习兴趣。教师应当主动与学生沟通，了解他们的需求和困难，提供个性化的支持和指导。同时，教师还应鼓励学生表达自己的观点和意见，营造开放、包容的课堂环境。通过积极的师生互动，学校可以增强学生的归属感和自信心，提高他们的学习动力和参与度。

2.学习氛围

课堂文化是校园文化的重要组成部分，直接影响着学生的学习体验和成长。课堂文化不仅仅包括课堂上的学习内容和教学方法，还涉及学生的学习态度、参与程度、课堂纪律等多个方面。积极的课堂文化能够为学生营造良好的学习环境，促进他们的学术发展和个人成长。学生的学习态度不仅影响他们的学术成绩，还影响其学习动力和持久性。积极的学习态度表现为学生对学习充满兴趣、主动参与课堂讨论、乐于接受挑战，并对学习过程充满热情。教师可以通过激发学生的兴趣、设置有趣的学习任务以及提供及时的反馈来培养学生积极的学习态度。例如，通过结合实际生活中的案例进行教学，能够使学生看到知识的实际应用，增强他们对学科内容的兴趣。学生的参与程度反映了他们对课堂内容的关注度和互动性。高参与度的课堂通常表现为学生积极发言、参与小组讨论、主动完成作业等。教师可以通过设计互动性强的教学活动、鼓励表达观点、组织小组合作等方式来提高学生的参与程度。例如，教师可以在课堂上设置问题讨论环节，鼓励学生发表自己的见解，并对他们的回答进行引导和点评，以激发其思考和主动参与。良好的课堂纪律能够维持课堂秩序，确保教学活动的顺利进行。教师应制定明确的课堂规则，并在课堂上严格执行，同时也要关注学生的个体差异，给予适当的引导和支持。通过建立公平、尊重和信任的课堂环境，学生能够在一个有序的环境中集中注意力。积极的学习氛围不仅能够促进学生的学术发展，还能够支持他们的个人成长。教师可以通过创造一个开放、包容的课堂环境，鼓励学生表达自己的观点和意见，并提供个性化的支持和指导。教师能够帮助学生建立自信心，增强他们的学习动力和兴趣，从而提高他们的学术成绩和综合素质。在实际教学中，教师应不断反思和改进课堂文化，关注学生的需求和反馈，以营造良好的课堂氛围和提升教学效果。例如，教师可以定期进行课堂观察和问卷调查，了解学生的学习态度和参与情况，并根据反馈进行调整。通过不断优化课堂文化，教师能够为学生提供充满激励和支持的学习环境。

（二）课外活动文化

1.社团活动

学生社团和兴趣小组在校园文化中扮演着至关重要的角色，为学生提供了丰富的课外活动选择和发展机会。这些社团涵盖了各种兴趣和主题，如文学社、科技社、音乐社等，为学生的课外生活注入了活力，同时也为他们提供了个人成长和技能发展的平台。

文学社为对写作和文学有兴趣的学生提供了一个交流和创作的空间。学生可以在社团中学习到创作技巧，提升写作能力，同时通过讨论和分享，增强批判性思维和表达能力。科技社则为热爱科学和技术的学生提供了动手实践的机会。学生可以参与科技项目、实验和竞赛，培养科学探究能力和解决实际问题的能力。音乐社为喜欢音乐的学生提供了表演和创作的舞台，提升音乐素养和团队合作能力。通过组织活动、协调团队工作和解决问题，学生在社团中获得了组织能力、领导能力、团队合作能力和沟通能力。这些技能不仅在校园生活中有用，也为他们未来的职业生涯打下了坚实的基础。同时，社团活动为学生提供了与同龄人交流和合作的机会，帮助他们建立新的友谊，提升社交技能，并增强团队合作精神。这种社交经验对学生的心理健康和人际关系有着积极影响。通过在社团中的表现和取得的成就，学生能够获得认可和自信。例如，在音乐社的演出中获得好评，或者在科技社的比赛中获奖，都会大幅提升学生的自信心，并激励他们继续追求自己的兴趣和目标。学校应根据学生的兴趣和需求，设置多样化的社团和兴趣小组，以确保能够满足不同学生的兴趣和发展需求。学校需要为社团活动提供必要的支持和资源，包括场地、设备和经费。这些支持能够帮助社团更好地组织活动，提高活动的质量。鼓励学生积极参与也是非常重要的，学校可以通过宣传和激励措施，让学生了解不同社团的活动内容和优势，从而提升他们的参与热情。学校应定期对社团活动进行评估和反馈，了解学生的参与情况和活动效果。通过收集学生的意见和建议，学校可以不断改进社团活动，提升其质量和影响力。将社团活动与课程体系相结合，也是一个有效的策略。例如，在课程中设置与社团相关的实践项目或作业，可以让学生将课堂知识应用于社团活动中，从而进一步提升他们的综合能力。

2.文艺活动

校园戏剧、音乐会、文艺会演等活动在校园文化中占据着重要的位置。它们不仅丰富了校园文化生活，还为学生提供了展示才华的宝贵平台。这些活动的组织和开展，不仅营造了学校的文化氛围，还促进了学生的全面发展。

参与戏剧表演，学生不仅能够提高演技、语言表达和舞台表现能力，还能够加深对文学作品和人文历史的理解。在排练和表演过程中，学生需要进行深入的角色研究，学习如何将文字转化为生动的表演。这种过程对于提升他们的创造力和团队合作能力有着显著的帮助。戏剧活动还能够增强学生的自信心。通过在观众面前演出，他们学会了如何应对压力，克服紧张情绪，表现自我。校园戏剧也为学校社区带来了丰富的文化体验，营造了学校的艺术氛围。无论是合唱、独奏还是乐队演出，音乐会都为学生提供了一个展现音乐能力的舞台。在排练和演出的过程中，学生不仅提高了音乐技巧，还培养了坚持不懈的精神和团队合作的能力。音乐会还能够增强学生的审美能力和艺术感知力，帮助他们在音乐中找到情感的表达方式。通过组织和参与音乐会，学生能够与同学、老师和家长共同分享他们的音乐成果，增强学校社区的凝聚力。它汇集了各种艺术形式，为学生提供了展示不同才艺的机会。在文艺汇演中，学生不仅能够展示他们在不同艺术领域的特长，还能够通过多种艺术形式探索自己的兴趣和潜力。文艺会演的筹备和组织需要学生发挥创造力和组织能力，同时也能锻炼他们的领导能力和沟通能力。这种活动往往是学校年度文化活动的重要组成部分，能够引起广泛的关注和参与，增强学生的集体荣誉感和归属感。学校应为这些活动提供必要的资源和条件，如场地、设备、经费等。同时，学校还应鼓励学生积极参与，提供培训和指导，帮助他们提升技能和表现能力。通过制定明确的活动规划和合理安排各项工作，学校能够确保活动的顺利进行，并提升活动的质量和效果。通过对活动的反馈和评估，学校可以了解学生的参与情况和成长变化，进一步改进活动的组织和实施。定期举办活动总结和经验分享会，可以帮助学生总结经验，分享成果，从而进一步激发他们的参与热情和创作激情。

（三）制度文化

1.规章制度

学校的管理规定、行为规范和奖惩制度在校园文化中扮演着重要的角色，不仅规范了师生的行为，还维护了校园的秩序，保障了教育活动的顺利进行。这些制度的存在和实施，有助于建立稳定、安全、积极的学习和生活环境，促进学校的健康发展。

管理规定通常包括学校的组织结构、职责分工、工作流程等方面的内容。这些规定明确了学校各个部门和人员的职责，使得学校的管理工作更加有序和高效。例如，规定可能包括教师的教学任务安排、行政事务处理、后勤支持等方面的内容。这些规定不仅帮助学校实现高效的管理，还为师生提供了明确的工作和行为指引，确保了学校运作的规范性和一致性。这些规范通常涉及师生的言谈举止、礼仪礼貌、交往方式等方面。例如，教师应遵守的行为规范可能包括尊重学生、公平公正、维护课堂纪律等，而学生的行为规范则可能包括遵守课堂纪律、尊重他人、保持校园环境卫生等。行为规范的制定和实施，有助于营造和谐、尊重的校园氛围，减少不良行为的发生，促进师生之间的良好互动和合作。奖惩制度通常包括对优秀表现的奖励措施，如表彰、奖学金、荣誉证书等，以及对违反规定行为的惩罚措施，如警告、扣分、留校察看等。通过合理的奖惩制度，学校能够激励师生努力向上，保持积极的学习和工作态度，同时对不良行为进行有效管理和纠正。这种制度的实施不仅能够活跃校园的整体氛围，还能促进师生的良性竞争和共同进步。通过定期检查、评估和反馈，学校能够及时发现和解决制度执行中的问题，确保制度的公正性和有效性。同时，学校还应加强对师生的培训和宣传，使他们充分了解和遵守相关规定。这种培训和宣传不仅能够提高师生对制度的认识和重视，还能增强他们对制度执行的支持和配合。学校的管理规定、行为规范和奖惩制度需要根据具体情况进行调整和完善。例如，随着学校的发展和环境的变化，管理规定和行为规范可能需要进行相应的修改和更新，以适应新的需求和应对不断变化的挑战。同时，学校还应考虑到不同学生群体的特点和需求，制定和实施适合他们的管理和奖惩措施，以实现公平、公正的管理。

2.学校传统

学校的特色节日、纪念活动和庆典等传统活动在校园文化中扮演着重要的角色，不仅丰富了校园生活，还强化了学校的文化认同感和集体凝聚力。这些活动通过展现学校的独特传统和价值观，增强了师生的归属感和团队精神，同时也提供了展示和庆祝学校文化的机会。

这些活动可能包括学校创办纪念日庆典、校庆活动、教育节等。特色节日的庆祝不仅是对学校历史的回顾和纪念，还为师生提供了一个展示学校成就和展望未来的平台。例如，学校可以通过举办大型文艺会演、讲座和研讨会等形式，回顾过去的辉煌，展现学校的教育成果，并激励师生共同努力、不断进步。这些节日的庆祝有助于增强学校的文化认同感，使师生对学校的发展历程和文化传统有更深刻的理解和认同。纪念活动通常与学校的重要事件或人物相关联。例如，学校可能会举办纪念活动来缅怀对学校发展作出重要贡献的校友或教师，或纪念某个重要的历史事件。这些活动不仅是对过去的缅怀和致敬，也是对学校精神和价值观的传承。通过纪念活动，学校可以弘扬优良传统，激励新一代师生继承和发扬前人的精神，增强集体的凝聚力和向心力。庆典活动通常以欢庆和娱乐为主要内容。例如，学校的运动会、艺术节、科技展览等都是常见的庆典活动。这些活动不仅为师生提供了展示个人才艺和团队合作的机会，还促进了校园的文化交流和融合。在庆典活动中，师生可以通过参与各种竞赛、表演和展示，增强彼此之间的互动与沟通，提升集体的凝聚力和合作精神。通过举办这些特色节日庆典和纪念活动，学校能够营造积极、向上的校园氛围，使师生在愉悦的活动中增强对学校的归属感和认同感。这些活动不仅丰富了学校的文化生活，还为师生提供了展示自我、交流思想和庆祝成就的机会。它们有助于促进学校的文化传承和发展，增强集体的凝聚力，推动学校整体文化水平的提升。在实施这些活动时，学校需要充分考虑师生的兴趣和需求，设计具有吸引力和参与感的活动形式。同时，学校应注重活动的组织和管理，确保活动的顺利进行，并通过活动后的总结和反馈，不断改进和提升活动的质量和效果。学校还可以通过宣传和推广，扩大活动的影响力，让更多的师生参与其中，从而进一步增强校园文化的影响力和学生对其的认同感。

（四）环境文化

1.校园环境

校园环境是学校文化的重要组成部分，包括校园建筑风格、绿化情况、教室和公共区域的布置等。一个舒适和美观的校园环境不仅能够提升学校的整体形象，还能对学生的身心发展产生积极影响。

建筑风格可以是现代的、传统的，或是融合多种元素的。独特巨符合学校定位的建筑风格，不仅可以提升学校的美观度，还能增强师生的归属感和自豪感。例如，现代化的校园建筑设计可能采用开放式布局和环保材料，以促进交流和互动，同时创造舒适的学习环境；而传统风格的建筑则可能通过经典的设计元素和历史的传承，体现学校的文化底蕴和教育传统。绿化不仅包括校园内的树木、花草，还涉及校园景观的整体设计。良好的绿化能够提供清新的空气、美丽的景观，创造舒适的学习和生活环境。绿色植物不仅美化了校园，还能够改善空气质量，降低噪声，减少环境污染，为师生提供一个宁静的学习和生活空间。校园中的花园、小径和休闲区域为学生提供了放松和进行社交的场所，促进了他们的身心健康和社交互动。教室和公共区域的布置直接影响学生的学习体验和日常活动。教室布置包括课桌椅的排列、墙面的装饰、教学设备的配置等。这些因素不仅影响课堂的功能性，还影响学生的学习态度和效率。例如，灵活的桌椅安排可以促进小组讨论和合作学习，而充满激励和创意的墙面装饰可以激发学生的学习兴趣和创造力。同时，公共区域如图书馆、阅览室、运动场和休闲区的布置也对学生的学习和生活起着重要作用。图书馆舒适的阅读环境、运动场完备的设施、休闲区合理的设计都能为学生提供多样的活动空间，支持他们的学术成长和身心发展。舒适和美观的校园环境不仅有助于提升学校的整体形象，还能增强学生的学习动力和幸福感。研究表明，良好的学习环境能够提高学生的专注力、创造力和学业成绩，同时对他们的心理健康和社会适应能力产生积极影响。例如，明亮宽敞的教室能够改善学生的学习状态，绿色的校园环境可以减少学习压力，合理的公共区域布局能够促进学生的社交互动和团队合作。学校在规划和设计校园环境时，需要综合考虑建筑风格、绿化情况、教室和公共区域的布置等因素，创造一个既美观又实用的学习和生活空间。学校应关注环境的舒适性、功能性和美观性，通过优化设计和合理布局，提升校园环境的整体质量。同时，还应定期维护和更新校园设施，保持环境的良好状态，确保其能够持续支持学生的身心发展和学术成长。

2.文化标识

校园的标志、校训、名人名言等文化标识在校园环境中具有重要的象征意义，并有效地传达了学校的核心价值观。这些文化标识不仅代表了学校的精神和理念，还为学生、教师和访问者提供了明确的文化指引和身份认同感。

校园的标志通常是学校独特的视觉符号，通过图案、色彩和文字的组合，展示了学校的品牌形象和文化特色。校园标志不仅有助于提升学校的辨识度，还能传递学校的核心理念和历史背景。例如，许多学校的标志可能包含象征智慧和学习的元素，如书本、灯塔、树木等，强调教育的核心价值。一个设计独特且富有象征意义的校园标志能够增强师生的归属感和自豪感，同时在校外也树立了学校的良好形象。校训往往体现了学校的教育目标、精神追求和办学方针。例如，“自强不息，厚德载物”这样的校训不仅强调了个人的努力和品德，还鼓励学生在追求知识的过程中保持良好的道德风范。校训作为学校文化的核心组成部分，常常在校园内显著的位置上展示，以提醒师生时刻铭记学校的办学理念和教育目标。许多学校会在校园内张贴或雕刻一些名人名言，以激励学生积极向上，树立正确价值观。例如，孔子的“学而时习之，不亦说乎”或爱因斯坦的“知识是有限的，想象力概念无限”这样的名言，可以激发学生的学习兴趣和探索精神。这些名人名言不仅为校园文化增添了深度和厚度，还帮助学生形成积极的学习态度和生活观念。这些文化标识的存在和应用，在校园环境中形成了独特的文化氛围和教育气氛。通过标志、校训和名人名言，学校能够向师生传达其教育理念和核心价值观，使他们在日常的学习和生活中不断受到文化的熏陶和激励。这种文化氛围不仅提升了学校内部的凝聚力和向心力，还增强了学校的教育影响力和社会认可度。标志、校训和名人名言等文化标识通过文化符号的形式，将学校的教育目标和精神理念融入师生的日常生活中，帮助学生在潜移默化中接受教育的熏陶和影响。例如，学校的标志可能在每一个课室、办公室、校车上都可以看到，从而不断提醒师生学校的核心价值；校训则作为精神标杆，激励学生在学习过程中不断进取；名人名言则在日常学习和生活中，给予学生智慧的启迪和激励。为了确保这些文化标识能够充分发挥其作用，学校需要在校园环境的设计和布置中，合理规划和布局这些文化元素。标志应置于显著的位置上，易于识别和记忆；校训应在校园内的主要区域展示，以便师生随时可以看到并自我提醒；名人名言则应根据具体情境和使用目的进行布局，以最大程度地发挥其激励作用。同时，学校还应定期评估和更新这些文化标识，确保它们与学校的办学理念和发展方向保持一致，并能够适应时代的发展和变化。

第二节　传统文化在校园文化中的作用

一、有利于增强文化认同感和归属感

（一）作用

传统文化的传承和弘扬在学校教育中发挥着重要的作用，不仅丰富了校园文化，也对学生的认同感和归属感产生了深远的影响。通过将传统文化融入学校教育里，学生能够在了解和体验传统文化的过程中，形成对学校及其文化的深厚认同感，同时也能在共同的文化活动中培养归属感。在校园中引入传统文化元素，如通过课程教学、文化活动和节日庆典等形式，可以让学生深入体验文化的丰富性和独特性。学校组织传统节日庆祝活动、开展传统工艺课程、邀请文化专家举办讲座等，不仅让学生了解传统文化知识，还让他们通过亲身参与活动，使其能够在实践中感受到文化的魅力和价值。这种深刻的文化体验使学生对本校的文化背景有了更全面的认识，从而增强了他们对学校及其文化的认同感。

参与传统节日庆典、习俗和文化活动的过程，使学生拥有了与师生及同学共同体验的机会。这种共同的文化经历促进了学生之间、学生与教师之间的情感联系和互动。学校通过组织丰富多彩的文化活动，如节日庆典、文化展览和传统游戏等，让学生在参与的过程中感受到集体的凝聚力和归属感。例如，在端午节、春节等传统节日，学校组织包粽子、制作灯笼等活动，使

学生不仅能体验到传统文化的乐趣，还在与同学和教师的互动中，感受到集体的温暖和归属感。这种在共同文化活动中的体验使学生感到自己是学校大家庭的一部分，增强了他们对学校和集体的情感归属。传统文化的传承和弘扬不仅提升了学生对自身文化的认同感，还通过共同参与文化活动，促进了师生之间以及学生之间的情感交流和联系。这种文化的融入和共享，极大地增强了学生对学校的归属感，并有助于营造和谐的校园氛围。将传统文化与校园生活紧密结合，不仅是对文化的传承，更是对学生全面发展的重要支持。

（二）实际体现

学校组织的传统节日庆典、文化展示和校园仪式等活动，不仅让学生通过亲身参与体验传统文化的独特魅力，还极大地增强了校园的凝聚力。这些活动通过打造沉浸式的文化体验，使学生能够在实际参与中感受到传统文化的丰富性和深厚的历史背景，从而在心中形成对传统文化的深刻理解和认同感。

在传统节日庆典中，如春节、中秋节等，学校通过举办各种富有文化意义的活动，诸如制作传统食品、组织民间艺术表演、举行节日游戏等，来展示节日的传统和习俗。通过这些庆典活动，学生不仅能够直观地感受到节日的氛围，还能学习到相关的传统知识和技能。这种直接的文化体验帮助学生更好地理解和认同自己的文化背景，从而增强对校园文化的认同感和归属感。文化展示活动如传统工艺展览、书法绘画比赛等，则为学生提供了一个展示自己才华和学习成果的平台。学生通过参与传统艺术的创作和展示，能够深入了解和体验传统文化的美学和技艺，同时也为校园注入了活力和文化气息。这些展示活动不仅丰富了校园文化生活，还激发了学生的创造力和参与热情，从而加强了校园社区的凝聚力。校园仪式活动，如开学和毕业典礼等，通过仪式化的形式，强化了学生的集体意识和归属感。在这些仪式中，传统文化元素常常被融入其中，如仪式中使用的传统服饰、音乐或礼节，都是对传统文化的尊重和传承。通过这些仪式，学生不仅能感受到传统文化的庄重和神圣，还能够体会到作为校园一员的荣誉感和责任感。这种仪式感增强了学生的集体归属感和对校园文化的认同感，促进了师生之间、学生之间的情感交流和联系。学校通过组织传统节日庆典、文化展示和校园仪式等活动，为学生提供了丰富的传统文化体验机会。这些活动不仅让学生深入了解和体验传统文化的魅力，还通过共同参与和互动，增强了校园的凝聚力和师生之间的情感联系。传统文化的传承不仅得以实现，还为校园文化的建设和学生的全面发展作出了积极贡献。

二、有利于丰富教育内容和教学方法

（一）内涵

将传统文化引入课堂教学能够极大地丰富教学内容，拓宽学生的知识面。通过讲解传统文学、历史故事和传统艺术，教师不仅能传授知识，还能培养学生的文化素养和审美能力。

中国古代文学包括诗词、散文、小说等形式，每一种文学形式都有其独特的艺术魅力和文化内涵。例如，教师可以通过讲解《红楼梦》中的人物性格和情节，帮助学生理解古代社会的风俗和人情，并通过《楚辞》和《诗经》中的诗句，感受古代文人的情感世界。这些传统文学作品不仅具有丰富的文化背景，还能激发学生的文学兴趣和创作热情。通过讲述历史故事，如《三国演义》中的智谋故事或《水浒传》中的英雄事迹，教师可以帮助学生了解中国历史上的重要事件和人物。这些故事不仅生动有趣，而且能够让学生在了解历史的同时，吸取其中的道德教训和智慧。这种结合历史与文化的教学方式，有助于学生形成全面的历史观和价值观。传统艺术，如书法、国画和剪纸等，也是传统文化的重要组成部分。在课堂教学中，教师可以通过展示和讲解传统艺术作品，让学生了解不同艺术形式的历史背景和创作技巧。例如，书法不仅是一种艺术形式，还蕴含着丰富的哲学思想和审美价值。教师可以组织书法实践活动，让学生亲身体验书法的魅力，理解其中的文化内涵。传统艺术的引入不仅能扩展学生的艺术视野，还能提升他们的审美能力和创造力。传统文化的引入还可以通过跨学科的方式进行。例如，结合传统节日和习俗的教学，不仅涉及历史和文化，还可以融入地理和科学知识。教师可以在讲解春节的传统习俗时，介绍不同地区的庆祝方式，并结合相关的气候和地理背景进行讨论。这种跨学科的教学方式，能够帮助学生更全面地理解传统文化的多样性和影响力。

（二）具体表现

传统文化不仅为课堂教学提供了丰富的内容，还为教学方法和课堂互动带来了新的视角和创新方式。通过引入传统游戏、角色扮演等传统文化元素，教师可以提升课堂的趣味性和参与度，增强学生的学习体验。许多传统文化游戏，如古代的“捉迷藏”或“跳房子”，不仅具有娱乐性，还有助于培养学生的团队合作精神和解决问题的能力。例如，教师可以将传统游戏融入教学活动中，如利用古代军事游戏来讲解历史战争，或通过传统的智慧游戏来提高学生的逻辑思维能力。这些游戏不仅能够让学生在轻松愉快的环境中学习，还能帮助他们更好地理解和掌握教学内容。

学生可以在模拟的情境中体验和学习传统文化中的各种角色和故事。例如，教师可以组织学生扮演《三国演义》中的不同角色，让他们在互动中了解古代的历史背景和人物关系。通过这种方法，学生不仅能够更生动地理解历史故事，还能提高他们的表达能力和创造力。角色扮演还可以用于讲解传统节日的习俗，例如，让学生扮演春节的不同角色，体验传统节日的庆祝活动。教师可以通过讲述传统故事，如《西游记》的冒险故事或《红楼梦》的爱情故事，来引发学生的兴趣并激发他们的想象力。这些故事不仅具有丰富的文化内涵，还能帮助学生理解和感受传统文化的价值观和美学意义。同时，教师还可以鼓励学生根据传统故典故创作自己的剧本或故事，通过创作活动来深化对传统文化的理解和体验。传统文化的引入还可以通过实际操作和手工活动来增强课堂的互动性。例如，教师可以组织学生进行传统手工艺品制作，如剪纸、刺绣等。这些活动不仅能够让学生亲身体验传统文化的艺术魅力，还能够培养他们的动手能力和创造力。在制作过程中，教师可以讲解相关的文化背景和历史故事，使学生在实践中加深对传统文化的理解。

三、有利于促进全方位的文化发展

（一）意义

传统文化的融入对实现全面素质教育具有重要意义，不仅可以丰富学生的知识体系，还能在道德、审美、行为规范等方面促进他们的全面发展。通过将传统文化融入教育体系中，学校能够培养学生的综合素质，使他们在学术和品德上全面成长。

传统文化中蕴含着丰富的道德教育，如儒家思想中的仁爱、义务、礼仪等，这些道德观念能够帮助学生树立正确的价值观和人生观。例如，通过学习《论语》的经典名句，学生可以理解尊重他人、诚实守信的重要性，并将这些道德准则内化为自己的行为准则。传统文化中的道德教育不仅为学生提供了明确的行为指南，还能通过实践活动，如参与社区服务或志愿者工作，让学生在真实的社会环境中践行这些道德准则。传统文化中的艺术形式，具有独特的美学价值。通过欣赏和学习这些艺术形式，学生能够培养自己的审美能力，提升艺术鉴赏水平。例如，在课堂上引入书法练习或组织京剧观摩活动，可以帮助学生了解传统艺术的魅力，并激发他们对美的追求和创造力。同时，传统文化中的经典文学作品也为学生提供了丰富的文学滋养，帮助他们提高文学素养和语言表达能力。传统文化强调的礼仪，如尊老爱幼、礼尚往来等，能够帮助学生在日常生活中形成良好的行为习惯。例如，通过学习传统节日的庆祝方式，学生可以理解和尊重不同的文化习俗，并在实践中遵守这些行为规范。教师可以通过传统文化中的礼仪教育，引导学生在课堂上和社交场合中表现得更为得体和礼貌，促进良好的师生关系和同学关系的建立。通过多元化的传统文化活动，如参与传统节日庆典、传统工艺品制作等，学生能够在实践中培养自己的动手能力、创造力和团队合作精神。例如，在制作传统手工艺品的过程中，学生可以锻炼动手能力和审美能力，同时通过合作完成任务，增强团队协作和沟通能力。

（二）展示方式

将传统文化与现代教育结合，推动校园文化的多元化发展，是拓展校园文化深度和广度的重要途径。这一过程不仅丰富了校园文化的内涵，还促进了学生的全面成长和社会适应能力的提升。将传统文化元素纳入课程体系是关键的一步。教师可以在课堂教学中融入传统文学、历史故事、传统艺术等内容，不仅有助于学生理解和欣赏传统文化的精髓，还能拓宽他们的知识面。例如，在语文课中加入经典文学作品的阅读和分析，或者在历史课中讲解中国古代的重大历史事件，都能帮助学生更加全面地了解传统文化。同时，结合现代教育理念，如项目式学习和探究式学习，将传统文化的内容以项目或专题的形式展开，让学生在实践中不断学习和体验，能够进一步提升他们的学习兴趣和能力。

利用现代教育技术，如多媒体、虚拟现实（VR）和增强现实（AR），可以将传统文化生动地呈现给学生。例如，使用虚拟现实技术带领学生虚拟参观古代名胜或体验传统节日的庆祝活动，能够使学生在沉浸式体验中加深对传统文化的理解。同时，利用互动式学习平台和数字工具，开发基于传统文化的游戏和应用，能够增强课堂的互动性和趣味性，激发学生的学习热情。将传统文化与现代教育内容结合起来，促进学科间的交融。例如，在科学课中介绍古代中国的科技成果，如四大发明，在艺术课中学习传统工艺和艺术形式，通过跨学科的项目和活动，使学生能够综合运用知识，理解传统文化与现代科技的关系。这种方式不仅拓宽了学生的视野，还能够提升他们的综合能力。组织丰富多彩的校园文化活动，如传统节日庆典、文化展示、戏剧演出、音乐会等，能够增强校园文化的多样性和包容性。例如，通过举办春节、中秋节等传统节日的庆祝活动，让学生体验传统节日的习俗和文化，同时组织校园文艺会演和文化展览，展示学生在传统文化方面的创作和学习成果。鼓励学生参与和创建以传统文化为主题的社团和兴趣小组，如文学社、书法社、京剧社等，为学生提供更广泛的文化活动选择和发展机会。这些社团不仅可以举办相关的文化活动，还能够邀请外部专家举办讲座和进行指导，进一步丰富校园文化的内容。通过这些社团，学生可以在实践中深入了解和体验传统文化，提升兴趣和能力。通过校园环境的文化建设，活跃传统文化的氛围。例如，在校园内设置传统文化主题的标识、装置和展板，展示中国传统艺术和文化的相关内容。在教室、图书馆、公共区域等展现传统文化元素，如古代名人名言、传统美术作品等，使校园环境成为传统文化的展示平台。这种环境建设不仅美化了校园，还增强了学生对传统文化的认同感。

四、有利于传承和保护文化遗产

（一）重要性

校园作为教育的主要阵地，肩负着传承和保护传统文化遗产的重要责任。传统文化不仅是一个国家和民族的精神财富，也在教育过程中发挥着重要作用。校园通过一系列措施确保传统文化资源得到有效传承和保护，从而使其不被遗忘，并将其发扬光大。这可以通过开设专门的课程或将传统文化内容融入现有课程中实现。例如，在语文课中加入经典文学作品的阅读与分析，在历史课中讲解传统节日和习俗的背景与发展。这种融合不仅帮助学生系统地了解传统文化的内涵，还使其成为日常学习的一部分，从而提升学生对传统文化的认知和兴趣。校园应积极组织各种传统文化活动，为学生提供参与和体验的机会。例如，举办传统节日庆典、文化展示、传统手工艺品制作工作坊等活动，可以让学生在实践中感受传统文化的魅力，从中获得直观的体验。通过亲身参与，学生能够更深刻地理解和感受传统文化的精髓，这种体验式学习往往比单纯的课堂讲解更加有效。

学校应鼓励教师深入学习传统文化，提升自身的文化素养，并将其融入教学中。通过培训、研讨会和阅读经典书籍等形式，教师可以不断更新和丰富自己的文化知识。教师不仅是传统文化的传递者，还可以通过自身的学习和实践，激发学生的兴趣和热情。教师的榜样作用对于学生的文化认同感和兴趣培养具有重要影响。通过在校园内设置传统文化的标识、装置和进行展览活动，营造文化氛围，使传统文化成为校园环境的一部分。这不仅美化了校园环境，还增强了学生对传统文化的感知和认同感。例如，在校园内设立文化角，展示传统艺术作品，张贴古代名人名言，或在教室和公共区域展现传统文化元素，都能够潜移默化地影响学生的文化观念。学校可以与当地的文化机构、博物馆、传统艺术团体等合作，组织学生参观学习和实地考察。这种校外学习的机会能够让学生接触到更多的传统文化资源，拓宽他们的视野。通过与文化专家的互动，学生可以更深入地了解传统文化的背景和实际应用，从而加深对其重要性的认识。为了确保传统文化资源不被遗忘，学校还需要建立系统的传统文化传承机制。这包括编制传统文化教材，制订教学计划，确定评估标准，以系统化的方式进行传承。同时，学校可以鼓励学生进行传统文化的研究和创作，支持他们在文化项目中探索创新的表达方式。这不仅有助于传统文化的保护，还能激发学生的创造力和自主学习能力。学校应关注传统文化的传承与现代社会的结合，推动传统文化在新媒体和数字化平台上的传播。利用现代技术如多媒体、虚拟现实等，将传统文化内容呈现给学生，可以有效提升其传播效果和影响力。这种技术化的手段能够使传统文化以更生动、互动的方式展现在学生面前，从而增强他们的参与感和认同感。

（二）体现形式

通过校园文化活动，学生不仅能够深入了解传统文化，还能学会尊重和保护文化的多样性，形成积极的文化态度。这些活动为学生提供了丰富的体验机会，帮助他们在实践中认识和理解文化的多样性，从而增强他们的文化素养和拓展其全球视野。校园文化活动如传统节日庆典、文化展示和艺术表演，使学生能够直观地接触和体验各种文化形式。学生不仅能够了解传统文化的背景和习俗，还能够欣赏不同文化中的艺术表现和风俗习惯。这种直接的体验有助于学生形成对传统文化的认同感，并激发他们对文化的兴趣和热情。

校园文化活动提供了一个多元文化交流的平台，让学生接触到各种文化背景中的人和事物。通过组织不同文化的交流活动，如国际文化节、多文化工作坊等，学生能够与来自不同文化背景中的同学和专家互动。这种跨文化交流可以帮助学生了解和尊重不同的文化价值观和生活方式，从而培养他们的跨文化沟通能力和包容心态。学校可以鼓励学生积极参与并表达自己对传统文化的理解和看法。例如，学生可以通过演讲、写作、艺术创作等形式，分享他们对文化的认识和感受。这不仅提升了他们的表达能力，也促使其深入思考文化多样性的意义，学会从多种角度理解和欣赏文化的丰富性。校园文化活动还可以通过互动性强的形式来促进学生的文化学习。例如，组织角色扮演、传统游戏和模拟活动，让学生在参与中体验传统文化的乐趣和复杂性。这种参与式的学习方式能够增强学生的文化体验感，使他们在愉快的氛围中学会尊重和保护文化多样性。学校还可以加强对学生的文化教育，引导他们形成积极的文化态度。例如，通过课堂讨论、文化讲座和专题研究，让学生了解保护和传承文化遗产的重要性。这种教育不仅增强了学生的文化意识，还培养了他们的责任感，使其认识到自己在保护文化多样性方面的作用。学校可以利用校园环境和设施来强化文化教育的效果。例如，在校园内设立文化展示区、设置文化标识和开展文化主题活动，使学生在日常生活中不断接触和学习文化。这种环境渗透式的文化教育方式能够在潜移默化中影响学生的文化认知和态度。

第三节　校园文化建设的优秀传统文化元素

一、校园文化建设中优秀传统文化元素的表现

（一）传统节日与庆典活动

1.丰富多彩的传统节日活动

学校可以通过组织传统节日庆典活动，如春节、端午节和中秋节，让学生参与并体验传统节日的习俗和庆祝方式。这些活动不仅可以传递传统文化知识，还能增强学生对传统文化的认同感。

在春节庆典活动里，学生可以体验贴春联、放鞭炮、吃年夜饭等传统习俗。学校可以组织学生一起制作春联，了解春联的文化背景和寓意。还可以安排春节晚会，展示传统舞龙舞狮、民族舞蹈和戏剧表演，让学生在欢乐的氛围中感受到春节的喜庆和团圆。在端午节，学校可以组织学生开展包粽子、制作香囊、赛龙舟等活动。通过这些实践活动，学生不仅可以学习到端午节的来历和习俗，还可以体验动手制作和参与活动的乐趣，增强对传统文化的兴趣。学校还可以邀请专家讲解屈原的故事和端午节的文化内涵，进一步深化学生对这一传统节日的理解。中秋节是团圆的节日，学校可以组织赏月、吃月饼、猜灯谜等活动。学生可以通过制作和品尝月饼，了解中秋节的美食文化。学校还可以安排中秋晚会，进行诗歌朗诵、传统歌舞表演等，营造浓厚的节日氛围，让学生感受到中秋节的温馨和团圆。这些传统节日活动不仅能够传递丰富的文化知识，还可以通过互动和参与，增强学生对传统文化的认同感和归属感。在参与节日活动的过程中，学生能够亲身体验到传统文化的魅力，增进对传统习俗的理解和认同。学校还可以结合传统节日开展相关的文化课程和专题讲座。例如，在春节前后，可以安排讲座介绍春节的

历史和文化背景；在端午节期间，可以开设专题课程讲解端午节的习俗和文化内涵；在中秋节前夕，可以组织文化沙龙，讨论中秋节的诗歌和故事。通过这些课程和讲座，学生可以系统地学习和了解传统节日的文化意义，提升文化素养。学校还可以鼓励学生在节日活动中进行创意表达，例如举办传统文化手工作品展览、创作节日主题的绘画和书法作品等。通过这些创意活动，学生可以将所学的文化知识应用于实践，增强学习的兴趣和动力。

2.民俗表演和传统技艺展示

学校可以通过邀请民间艺人或组织学生参与传统戏曲、舞蹈、手工艺品制作等表演和展示活动来丰富校园文化生活，并让学生亲身体验和学习传统技艺，增强他们对传统文化的兴趣。

邀请民间艺人进行传统戏曲表演，可以展示京剧、昆曲、越剧等民间戏曲，让学生感受传统戏曲的魅力，了解其文化背景和艺术价值。民间舞蹈表演则可以邀请舞蹈团体展示傣族的孔雀舞、藏族的锅庄舞、蒙古族的马头琴舞等，通过舞蹈艺术感受不同文化的独特魅力。手工艺展示则可以邀请传统手工艺人，如剪纸艺人、泥塑师傅、刺绣艺人等，现场展示传统手工艺品的制作过程，让学生亲自动手制作简单的手工艺品，在学习手工艺技巧的同时了解其历史和文化背景。学校可以邀请专业戏曲老师或民间艺人定期到校教授学生基本的戏曲知识和表演技巧，通过社团活动培养学生的艺术兴趣和文化素养。传统舞蹈社团则可以组织学生参与，邀请舞蹈老师教授不同民族的传统舞蹈。通过系统的舞蹈训练和表演，学生不仅能够掌握舞蹈技能，还能深入了解各民族的文化传统和历史背景，增强民族认同感和文化自豪感。手工艺品工作坊则可以定期举办，邀请手工艺人或手工艺爱好者教授学生制作各种传统手工艺品，培养动手能力和创新思维，同时提供展示创意和交流经验的平台，促进同学之间的互动和合作。学校可以将传统文化活动与课程内容相结合，例如在语文课上学习传统戏曲剧本，在美术课上学习传统手工艺品制作，在音乐课上学习民族乐器演奏等，通过将文化活动融入课堂教学，学生能够在实践中巩固所学知识，加深对传统文化的理解和认同。学校还可以组织一年一度的传统文化节庆祝活动，邀请民间艺人进行表演和展示，学生也可以参与其中，展示自己的学习成果，包括戏曲演出、舞蹈表演、手工艺品展览等，形成校园文化的盛宴，让学生在参与和体验中深入了解和传承传统文化。在每次活动结束后，学校可以收集学生的反馈意见，了解他们的参与感受和学习收获，通过问卷调查、座谈会、心得体会等形式，帮助学校了解活动的效果和不足，为今后的活动组织提供参考。学校可以成立评估小组，对每次活动进行系统的评估，包括活动的组织情况、学生的参与度、学习效果等，评估结果作为改进和优化活动的依据，确保每次活动都能达到预期的教育效果。

（二）传统文化课程与社团活动

学校可以系统性地培养学生对传统文化的理解和认知，并增强他们对传统文化的热爱和传承意识。这些措施不仅丰富了校园文化生活，还为学生提供了全面发展的机会。开设传统文化课程可以包括国学经典课程、传统音乐课程、书法课程和绘画课程。国学经典课程内容可以涵盖《论语》《孟子》《道德经》等经典著作，教授学生古代哲学思想和文化智慧，帮助他们培养人文素养和道德修养。通过讲解和讨论经典名篇，学生能够深入理解传统文化的精髓，形成正确的价值观和人生观。传统音乐课程包括古琴、古筝、二胡、笛子等传统乐器的学习，以及中国传统音乐的欣赏和演奏。通过学习传统音乐，学生能够感受音乐的魅力，提升艺术修养，并了解传统音乐背后的文化背景和历史故事。书法课程教授学生汉字的书写技巧和艺术表现，学习楷书、行书、草书等不同书法风格。书法课程不仅能够提高学生的书写能力和艺术欣赏水平，还能培养他们的耐心和专注力。绘画课程包括国画、工笔画、水墨画等传统绘画技法的学习。通过学习传统绘画艺术，学生能够掌握绘画技巧，增强美学素养，并了解中国绘画艺术的历史发展和文化内涵。书法社组织书法爱好者定期练习书法，邀请书法名家举办讲座和进行指导，举办书法比赛和作品展览。通过书法社的活动，学生能够在实践中不断提高书法水平，增强对传统文化的热爱。国画社为学生提供学习和交流国画艺术的平台，定期开展绘画练习、作品点评和展览活动。通过国画社，学生能够在学习绘画技法的同时，体会传统绘画的魅力。茶艺社教授学生茶艺知识和泡茶技巧，组织茶艺表演和茶文化讲座。通过茶艺社，学生能够了解中国茶文化的历史和传统，学习茶道礼仪，培养优雅的举止和提升修养。传统舞蹈社教授学生民族舞蹈和古典舞蹈的基本功和表演技巧，组织舞蹈排练和演出。通过传统舞蹈社，学生能够在舞蹈中感受传统文化的魅力，提升艺术表现力和身体素质。课程体系的设计要根据学生的年龄和认知水平，设计不同阶段的传统文化课程，逐步深入学习，确保学生能够全面、系统地掌握传统文化知识和技能。教学方法的多样化。采用讲授、讨论、实践、展示等多种教学方法，增强课堂的互动性和趣味性，让学生在轻松愉快的氛围中学习传统文化。课内外活动的结合。将课程内容与课外活动相结合，通过社团活动、文化节、艺术展览等形式，增强学生对传统文化的理解和兴趣，提供实践和展示的平台。教师队伍的建设非常重要，需要培养和引进具有传统文化知识和技能的教师，定期开展教师培训和交流活动，提高教师的教学水平和专业素养。校园文化环境的营造。通过校园文化建设。通过设置传统文化展示区、张贴名人名言、举办传统文化讲座等形式，营造浓厚的传统文化氛围，让学生在日常生活中潜移默化地受到传统文化的熏陶。

（三）校园环境与文化景观

校园文化是指以校园为主要空间，以学生、教师为主要参与主体，以精神文化为核心的物质文化、制度文化、行为文化相统一的具有时代特征的一种群体文化。校园文化涵盖了校园中的所有文化现象和活动，包括教学目标、教学方法、课堂管理、师生互动等。这些理念和方法反映了学校对教育的总体规划和期望。课堂上，学生的学习态度、参与程度和课堂纪律都是课堂文化的一部分。积极的学习氛围能够促进学生的学术发展和个人成长。校园文化还包括各种学生社团和兴趣小组，这些社团为学生提供了丰富的课外活动选择和发展机会。通过校园戏剧、音乐会、文艺会演等活动，丰富校园文化生活，提供展示学生才华的平台。学校的特色节日的纪念和庆典等传统活动，强化了学校的文化认同感和集体凝聚力。校园的标志、校训、名人名言等文化标识，在校园环境中具有象征意义，并传达学校的核心价值观。融入传统建筑风格和文化元素，如仿古建筑、园林设计、文化长廊等，能够营造具有浓厚传统文化氛围的校园环境，让学生在日常生活中感受和体验传统文化的魅力。绘画课程包括国画、工笔画和水墨画等传统绘画技法的学习。设立传统文化社团可以包括书法社、国画社、茶艺社和传统舞蹈社。

二、优秀传统文化融入校园的路径

（一）积极开设中华传统文化课程

积极开设传统文化课程，是将优秀传统文化融入校园文化建设的重要路径。通过系统化的课程设置，深入挖掘传统文化的深厚底蕴，传承其独特的价值观念和审美理念。这一过程不仅涉及对经典文献的学习，如《诗经》《易经》等，还包括对传统节日、礼仪、艺术等多方面的理解和实践。

课程的设计应注重内容的系统性与科学性，既要覆盖传统文化的广泛领域，也要注意到知识点的逻辑性和连贯性，确保学生能够在宏观与微观之间，形成对传统文化全面而深入的理解。通过对《诗经》《易经》《论语》《道德经》等经典文献的研读，学生可以了解传统文化的思想精髓和道德规范，培养他们的文化素养和人文精神。这些经典文献不仅是传统文化的核心内容，也是人类文化遗产的重要组成部分。通过学习春节、端午节、中秋节等传统节日的由来、习俗和意义，学生可以感受到传统文化的独特魅力和生命力。学校可以组织节日庆典活动，让学生亲身体验传统节日的氛围，增强他们对传统文化的认同感和归属感。书法、国画、篆刻、传统音乐、戏曲等都是传统文化的重要组成部分。通过系统的艺术课程，学生可以掌握基本的艺术技能，培养审美能力和创造力。学校还可以邀请传统艺术的传承人进行现场展示和指导，让学生有机会近距离接触和学习传统艺术，增强他们对传统文化的兴趣和热爱。现代科技手段也可以为传统文化课程的教学提供新的可能性。利用多媒体、虚拟现实技术，可以生动形象地展示传统文化的精髓。通过积极开设传统文化课程，学校能够为学生搭建一个了解和学习传统文化的平台，不仅增强了他们的文化自信和民族认同感，还为其提供了丰富的人文知识和审美观念。这对于培养具有国际视野的现代公民具有不可估量的重要意义。了解和传承传统文化，不仅有助于学生树立正确的价值观和人生观，还可以增强他们在国际交流中的文化自信，促进中外文化的相互理解和融合。通过系统的课程学习，学生对传统文化的理解和认同将进一步深化，进而影响到他们的日常行为和习惯，形成良好的校园文化氛围。例如，学校可以设立传统文化展示区，展示学生的书法、绘画作品，举办传统文化讲座和交流活动，邀请文化名人和专家学者举办讲座和指导，营造浓厚的文化氛围。

（二）广泛开展传统文化主题活动

广泛开展传统文化主题活动，是融入校园文化建设的有效途径。这类活动通过直观且互动性强的形式，激发学生对传统文化的兴趣和热爱，加深他们对传统文化内涵的理解和认识。传统文化活动的形式丰富多样，包括但不限于书法、绘画、戏剧、舞蹈、传统节日庆祝、武术表演、传统音乐会等，不仅为学生提供了展示自我才能的平台。更重要的是，它们使学生在参与中学习如何尊重和继承传统文化，理解其多样性和包容性。

学生能够体会到中华艺术的精致与深邃，理解书法中的“气韵生动”和绘画中的“留白”艺术，进而感受中华文化的独特美学。书法课不仅帮助学生练习汉字的书写技巧，还培养了他们的耐性和专注力；国画课则通过绘画技巧的学习，让学生了解传统艺术的表达方式和文化内涵；传统戏剧的表演如京剧、昆曲等，不仅展示了中国古代戏曲艺术的魅力，还使学生能够体会到古人的智慧与风采；舞蹈活动则通过民族舞蹈的学习，让学生感受到各民族文化的丰富多彩和独特风情；传统节日的庆祝活动，如春节的包饺子、挂灯笼，端午节的包粽子，中秋节的赏月等，让学生在实践中体验到节日的文化意义与传统习俗。这些活动不仅让学生了解节日的由来和习俗，还能使其通过亲身参与感受节日的温馨与乐趣，增强对传统节日的认同感和归属感；武术不仅是一种身体锻炼方式，更是一种文化表达。通过武术表演，学生可以了解传统武术的技艺和蕴含的哲学思想，培养身体的协调性和灵活性，同时也能够增强自信心和团队合作精神；传统音乐会则通过展示传统音乐的演奏和歌唱，让学生体验中华音乐的韵律和风格。学生能够欣赏古代音乐的优美旋律和丰富表现力，增强对音乐的感受能力和艺术鉴赏力。通过参与传统文化活动，学生不仅能够提高自己的综合素质，还能增进对传统文化的理解和热爱。这种广泛的文化活动形式，有助于营造和谐的校园文化氛围，促进校园文化的多样化和深度发展。

（三）打造富有特色的校园人文环境

打造富有特色的校园人文环境，是中华优秀传统文化融入校园文化建设的关键举措。这一过程要求学校在物理空间和精神文化两个维度上，营造出浓厚的中华传统文化氛围，以确保传统文化不仅在视觉和体验上得到体现，也在日常生活中深深扎根。在物理空间的构建方面，校园环境的设计可以融入中式园林、雕塑、壁画等元素。这些具有中华传统文化特色的装置能够展现传统文化的美学特征和深远意蕴。中式园林以其独特的布局、精美的假山和优雅的水景，能够创造出一个静谧而富有文化气息的学习环境。校园内的雕塑可以采用传统文化中的经典人物或历史场景，不仅美化了校园环境，也为学生提供了直接的文化体验。壁画则可以展示传统艺术风格和经典故事，为校园空间增添丰富的文化内涵。这些元素不仅提升了校园的视觉美感，更成为传递中华文化精神的载体。精神文化层面的构建则更注重通过校园文化活动、课程内容和师生互动等方式，渗透中华优秀传统文化的核心价值观和道德理念。在活动方面，学校可以定期举行传统节日庆典和经典诵读会等，通过这些形式丰富的文化实践，让学生在日常生活中感受到中华传统文化的魅力和价值。例如，在春节、中秋节等传统节日，学校可以组织相关的庆祝活动，如包饺子、制作灯笼、举行诗词朗诵等，让学生通过参与这些活动体验节日的氛围和传统习俗。在经典诵读会上，学生可以朗读《论语》《诗经》等经典文献，了解和学习传统文化中的智慧和道德观念。打造特色人文环境还需注重文化的生活化和日常化，使中华传统文化成为学生日常生活的一部分。例如，在校园食堂中提供传统美食，如粽子、饺子、面条等，让学生在享受美食的同时感受传统文化的魅力。在宿舍区推广中国传统礼仪，如尊重长辈、使用礼貌用语等，让学生在日常生活中自然地融入和践行传统文化的核心价值观。这些措施不仅能够提升学生的文化素养，还能增强他们的文化认同感和归属感。

（四）建立传统文化基金会等保障组织

建立传统文化基金会等组织不仅能够为中华传统文化教育和活动提供稳定的资金支持，还能够促进资源的有效整合和利用，从而显著提升校园中传统文化教育和推广的质量与影响力。

传统文化基金会等组织可以通过募集来自社会各界的资金和资源，为一系列传统文化的研究、教学、传播和实践活动提供支持。例如，组织可以资助学校开展传统文化课程的开发，帮助编写和更新相关教材，确保课程内容的系统性和科学性。组织还可以资助举办传统艺术工作坊，提供实践机会，让学生通过亲身参与了解和学习传统技艺，如书法、国画、传统音乐等。这些活动不仅提升了学生的文化体验，还为他们提供了展示和提高自身才华的平台。基金会也可以负责购置传统文化教学和展示用具，为课堂教学提供必要的工具和资源。这包括传统书法用具、绘画材料、传统乐器等，确保教学活动的真实和有效性。同时，组织还可以邀请领域内的专家、学者举办讲座和进行指导，提供学术支持和促进文化熏陶。这些专家学者不仅能够传授专业知识，还能通过实际案例分享，激发学生的学习兴趣和研究热情。传统文化基金会等组织还可以作为学校与社会其他文化教育机构之间的桥梁，促进校外资源的引入和交流。这包括与博物馆、文化馆、艺术团体等合作，组织学生参观交流活动。学校能够获取更多的外部资源和支持，为学生提供更广阔的学习平台和更多的实践机会。

第四节　校园文化建设的实施与评价

一、校园文化建设的实施

（一）指导思想

营造和谐的育人环境，是一代又一代教育者不断追求的目标。和谐不仅是一种理想状态，更是一种动态的平衡。在教育活动中，和谐的教育意味着力求使教育过程中的各要素之间，以及学校教育与社会教育、家庭教育之间始终处于协调、平衡的状态，从而提高教育质量。一个学校的和谐发展涉及多个方面，其中校园文化建设的和谐尤为关键。

校园文化是指以校园为地理环境圈，以社会文化为背景，以学校管理者和全体师生员工组成的校园人为主体，以群体价值观念为核心的一种文化。它不仅反映了文化的一般性特征，还具有独特的学校文化属性。校园文化的建设涉及物质文化、精神文化和制度文化三个方面，每个方面的协调发展对于营造和谐的教育环境都至关重要。物质文化建设是校园文化建设的基础，涉及校园环境的硬件设施和实际物质条件。舒适、美观且功能完善的校园环境能有效提升师生的学习和工作体验，营造出积极向上的氛围。例如，校园的建筑风格、绿化情况、教室布置等，都是物质文化的重要组成部分。通过合理规划和设计，学校可以创建充满文化气息的环境，使师生在日常学习和生活中感受到文化的熏陶和影响。这样的环境不仅能提高学生的学习积极性，还能促进他们的身心健康发展。精神文化建设是校园文化的核心，涉及学校的价值观、理念和精神风貌。精神文化的建设包括学校的教育目标、教学理念、师生互动等方面。通过明确教育目标和理念，学校可以引导师生树立共同的价值观和行为准则，形成积极向上的校园氛围。同时，学校应通过各种文化活动、节日庆典和传统仪式，弘扬和传承优秀的文化传统，使师生在参与中体验和理解校园文化的内涵。这种精神文化的建设不仅可以增强师生的凝聚力和归属感，还能提高他们的文化素养和道德水平。制度文化建设涉及学校的管理规定、行为规范、奖惩制度等方面。制度文化的建设旨在通过规范的制度和有效的管理，维护校园的良好秩序和公平环境。学校应制定科学合理的规章制度，明确师生的权利和义务，并通过公正的奖惩措施，激励积极的行为和规范不良的行为。制度文化的建设不仅能够保障校园的正常运转，还能促进师生的自我管理和自我发展，提高校园的整体管理水平。物质文化、精神文化和制度文化的全面、和谐发展，是实现学校文化建设和谐的关键。通过综合考虑这三个方面，学校可以构建起一个完整而和谐的文化体系，为师生提供一个良好的育人环境。这样的环境不仅能够提升学校的整体教育质量，还能促进学生的全面发展，使他们在和谐的校园文化中健康成长。最终，学校将能够为社会培养出更多具有综合素质和创新能力的人才。

（二）总体目标

1.正确把握校园文化建设的科学内涵及其意义

在新时期，校园文化建设不仅要传承和弘扬传统文化的精神，还应体现时代的精神，注重面向未来的发展要求。教育者在进行校园文化建设时，必须具备发展的眼光并符合未来的标准，以满足当前社会和教育的发展需求。在审视传统文化的过程中，我们需要探索其新生长点，并结合现代文化及外来文化中的有益内容进行融合创新，从而为传统文化注入新的活力，创建具有现代意识的校园文化。这种文化建设的目标是为学生的未来发展做好准备，为他们顺利走向社会和面向世界打下坚实的基础，同时也要立足于提高整个民族的素质和文明程度。校园文化建设的意义在于，校园不仅仅是知识传授的场所，更应该成为一个进行综合素质教育的平台。传统上，校园文化往往被简化为唱歌、跳舞和参加体育活动等片面的认知，而这种理解显然无法全面反映校园文化的丰富内涵。新时代的校园文化建设应着眼于提升文化品位，构建新的校园文化体系，以深入挖掘校园文化的核心精神为目标。通过这种建设，师生不仅能重新认识学校的价值观念、办学理念、历史传统、精神风貌和办学特色，还能更好地理解学校与社会发展的关系。具体来说，校园文化建设应通过以下几个方面来实现物质文化和精神文化的统一。在传统节日和仪式中融入现代元素，结合先进的教育技术和理念，使传统文化能够适应新的时代背景，提升其对学生的吸引力和教育效果。例如，引入现代化的多媒体展示和互动环节，让学生在体验传统文化的同时，感受到现代技术的魅力。这不仅仅包括学校环境的美化，如校园建筑、园林设计等，还包括校园文化活动的多样化和高质量。例如，组织各类文化讲座、艺术展览和学术交流，提升校园文化的内涵和深度，让师生在参与中获得更高层次的文化体验和教育。制定科学合理的管理制度和行为规范，确保校园文化的健康发展。同时，建立激励机制，鼓励师生积极参与校园文化建设和文化活动，提升他们对校园文化的认同感和参与感。通过开展丰富的文化活动，如读书会、经典诵读、文化交流等，营造积极向上的精神氛围。这不仅能增强师生的文化素养，还能促进他们的情感联结和团队合作，从而形成和谐的校园文化环境。

2.以校园文化建设来促进学生的全面发展

校园文化建设的基本目标是在优美的校园环境、多彩的文化生活、高雅的艺术情趣和浓厚的学习氛围的基础上，形成科学的人文精神和优良的学风校风，从而推动和促进学校精神的激发、科学进步的价值观的形成，以及导向正确的舆论氛围的创建。这些目标旨在引导广大师生树立正确的世界观、人生观和价值观，确保学校文化建设不仅在物质和艺术层面丰富多彩，更在精神和思想层面深刻而积极。

优美的校园环境提供了一个舒适、宁静的学习和生活空间，能够有效地提高师生的身心健康和学习效率。这种环境不仅包括校园的自然景观和建筑设计，还涵盖了校园内部的设施布局、绿化景观等，确保学生和教师在一个愉悦的环境中进行日常学习和工作。这些活动不仅包括传统节日庆典、文化艺术展览和学术讲座，还包括各种社团活动、文艺演出和体育比赛。学生不仅可以培养兴趣爱好，还能增强团队合作能力和社交技巧，同时也为校园生活增添了活力和乐趣。这些活动包括校园文化艺术节、音乐会、戏剧表演等活动，不仅提高了校园的文化品位，还能提升学生的审美体验，培养他们的艺术鉴赏能力和创造力。通过科学的人文精神和优良的学风校风，校园内形成了积极向上的学习环境。这种氛围鼓励学生不断追求知识和真理，激发他们的学习热情和创新能力，同时也促使教师在教学中保持高标准和严要求，进一步提升教学质量。科学的人文精神强调在教育过程中既注重科学知识的传授，也关注人文素养的培养。这种精神体现在课程设置、教学方法和学校管理等方面，致力于全面提升学生的综合素质，使他们能够在科学技术和人文关怀中取得平衡。优良的学风和校风则通过规范的教学管理、积极的学习态度和良好的行为习惯得以实现。学校通过制定科学合理的规章制度、提供优质的教育资源以及组织各种学术活动，营造出尊重知识、勤奋学习的氛围，从而促进学生的全面发展和学校的整体进步。

3.落实科学发展观，促进学校的可持续健康发展

追求高品位的学校文化，旨在通过形成强大的文化场和文化力，实现学校文化的深度发展和教育目标。要实现这一目标，学校不仅要紧抓教学主渠道，还需注重思想政治教育和道德规范教育，确保学生在知识学习的同时，也得到全面的思想和品德培养。这包括在课程内容中渗透社会主义核心价值观，引导学生树立正确的价值观和人生观。通过课堂教学和课外活动的结合，让学生在实际生活中理解和践行道德规范，从而形成良好的道德观念和行为习惯。这些活动不仅包括各类社团活动、兴趣小组和文化节庆，还涵盖了体育竞赛、艺术表演和社会实践等。这些丰富多彩的第二课堂活动可以帮

助学生培养个性特长，提升综合能力，激发创造力和团队合作精神，为学生的全面发展提供多样化的途径。通过积极的校园文化建设，学校能够为学生提供积极向上、充满正能量的成长环境。高品位的学校文化不仅提升了校园的整体氛围，还促进了学生的思想成熟和个性发展，使其在德、智、体、美、劳等方面全面提升，从而造就具有理想、抱负和特色的人才。这种校园文化建设的成效，最终会促进学校进入一个良性循环的高层境界。在这种循环中，学校的文化品位和教育质量不断提升，吸引更多优秀的师生和资源参与，从而进一步推动学校的发展。高品位的学校文化不仅增强了学校的吸引力和竞争力，还为社会培养出更多具有核心竞争力的人才，为社会的进步和发展贡献力量。

（三）实施原则

1.育人性原则

在当今时代背景下，校园文化建设与保持共产党员先进性教育活动紧密结合，是提升学生思想道德修养和整体素质的有效途径。融入先进教育理念是关键。这可以通过深化思想政治教育，在课程设置、活动组织和文化宣传中强化先进性教育的内容，引导学生树立正确的价值观、人生观和世界观。定期邀请党员先锋模范或专家学者举办专题讲座和研讨会，讲解先进性教育的重要性和实际案例，将实际行动融入教育中，以激励学生践行先进性教育理念。

可以开展以先进性教育为主题的校园文化活动，如红色经典诵读、革命历史教育展览等。这些活动不仅能够提升学生的历史认知和文化素养，也加强了其对先进性教育的理解和认同。通过创新教育形式，如角色扮演和情景模拟，使学生在互动中体验共产党员的先进性和责任感，从而加深对先进性教育内涵的理解。在校园文化建设中渗透先进性教育的道德标准，例如强调诚实守信、乐于助人等优秀品德，引导学生自觉践行先进性教育中的道德要求。建立奖励机制，如设立奖学金、荣誉称号等，以鼓励学生在思想道德修养方面有优异的表现。通过对优秀学生的表彰，树立学习榜样，激发全体学生的进取精神。将先进性教育融入课程体系和课外活动中，例如在人文学科课程中增加先进性教育的相关案例分析，在社团活动中组织以先进性教育为主题的讨论和实践活动。全面实施素质教育，注重学生的道德素养、学术能力、身体健康和社会适应能力，通过多方面的教育和实践，全面提高学生的整体素质。可以在校园环境中设置先进性教育相关的标识、展示牌等，如名人名言碑、历史事件纪念碑等，通过视觉艺术形式传播先进性教育知识和价值观。通过以上措施，学校能够有效地将先进性教育融入学生的全面发展中，不仅丰富了校园文化生活，也助力于思想道德修养和整体素质的提升。

2.整体性原则

校园文化建设要符合党的教育方针，围绕学校的中心工作，密切联系社会实际，紧紧体现时代精神，并在功能上形成一个统一的整体。

党的教育方针为校园文化建设提供了明确的方向和标准，要求教育内容和活动应服务于国家的整体战略和发展需求。这种方针确保校园文化能够培育学生的爱国情怀和社会主义核心价值观，从而促进他们的全面发展和社会责任感的提升。校园文化应当支持和确保学校教学、科研和管理等核心任务的完成。这意味着文化活动和措施需要与学校的教育目标和发展战略相一致，以提升学校的整体办学水平和教育质量。通过围绕学校实际工作展开的文化建设，能够有效推动学校各项任务的落实和提升。校园文化不仅要关注当下的社会热点和学生的现实需求，还要适应社会的发展变化。这种结合能够使校园文化更贴近社会现实，增强其活力和实效性，帮助学生更好地理解社会动态和发展趋势，从而提升他们的综合素质和社会适应能力。随着时代的发展，校园文化需要与时俱进，融入新的教育理念和科技进步，推动现代教育技术的应用。这样的时代精神能够激发学生的创新思维，拓宽他们的全球视野，帮助其在快速变化的社会中保持竞争力。物质文化、精神文化和制度文化等各方面要协调一致，互相补充，形成合力。这要求校园文化建设要有整体规划和系统布局，确保各项文化活动和措施能够有机结合，全面提升校园文化的整体水平和教育效果。

3.特色性原则

创新校园文化建设的途径和方法，既需要在传统文化中挖掘新意，也需要通过新事物来领悟传统文化，最终实现融合创新，为校园文化建设注入生机和活力。

传统文化蕴含着丰富的价值观念和美学理念，将这些元素与现代校园文化结合，可以创造出具有时代气息的新形式。例如，传统节日和习俗可以通过现代艺术手段进行再创作，如将传统节日的庆祝活动与现代数字技术结合，开展虚拟现实的节日体验，这不仅保留了传统文化的精髓，还能够吸引现代学生的兴趣。利用多媒体、网络平台和虚拟现实等技术，可以将传统文化通过多样化的方式呈现给学生。例如，创建校园文化App或网站，提供关于传统文化的互动内容、在线讲座和虚拟展览，不仅能够让学生随时随地了解和体验传统文化，还能够通过数据分析更好地把握学生的兴趣和需求。结合探究学习、项目学习等现代教育方法，将传统文化的内容融入课堂教学中。比如，在文学课程中加入对古典诗词的现代解读，在历史课程中引入沉浸式的历史情景模拟，使学生能够在学习过程中感受传统文化的深度和广度。可以通过开设相关的兴趣小组和社团，如传统音乐社、书法社等，激发学生的主动参与和创新实践。通过组织学生参与社会文化活动和公益项目，例如传统文化推广活动、文化遗产保护项目等，既可以将传统文化传播到更广泛的社会中，也能够提升学生的社会责任感和实际操作能力。通过这样的实践活动，学生不仅能够在实际操作中加深对传统文化的理解，还能够在服务社会的过程中提升自身的综合素质。通过组织跨学科的文化项目和活动，如艺术与科技的结合、传统工艺与现代设计的结合，激发师生的创意和想象力。校园可以定期举办创新工作坊、文化论坛和展览活动，邀请各领域的专家、学者和文化创意人才参与，共同探讨和实践传统文化的创新与发展。建立专门的文化创新团队，负责校园文化的策划、实施和评估。通过定期的文化评估和反馈机制，不断调整和优化文化活动和课程内容，确保传统文化的传承与现代创新相辅相成。通过系统化的管理和组织，保证文化活动的持续性和有效性，使校园文化建设在传统与现代的融合中不断发展和完善。

二、校园文化建设的评价

（一）目前缺乏针对校园文化建设有效评价的研究

目前，我国缺少针对校园文化建设的有效评价体系，其问题主要在于以下几点。

1.校园文化定义模糊

至今为止，关于校园文化的定义尚没有达成统一。这主要是因为校园文化是一个多维度、多层次的概念，其内容和形式受到学校实际情况、社会环境以及教育理念等多种因素的影响。不同的学校在进行校园文化建设的过程中，由于对校园文化的理解和侧重的不同，导致了建设的重点各异。以下是一些可能导致校园文化定义不统一的原因。

校园文化涵盖了学校生活的方方面面，包括校园环境、教学活动、师生互动、学生社团、精神风貌等。每所学校根据其自身的特点、历史背景和办学理念，对校园文化有不同的解读和实施方式。例如，一些学校可能更加重视文化氛围的营造，通过装饰、标语等方式创建良好的校园环境，而另一些学校则可能更加关注文化活动的丰富性，如戏剧、音乐会等。对于重点中学，可能会更加注重学术氛围和科研成果的展示，而对于普通中学或职业学校，可能会更加关注学生的全面发展和职业技能培养。这种差异导致了校园文化建设的方向和标准的不一致。随着社会的发展，校园文化建设的目标和手段也在不断演变。例如，信息技术的进步推动了数字校园文化的发展，而全球化背景下，校园文化也可能融合更多的国际元素和多元文化。这些变化使得校园文化的定义和标准更加多样化和动态化。不同学校根据其自身的特色和需求设定了各自的评价标准，这使得校园文化的评价和比较变得复杂。例如，有些学校可能通过学生满意度调查来评估校园文化的建设效果，而另一些学校则可能通过学术成绩和文化活动的数量来衡量。

2.校园文化建设的复杂性

校园文化建设涉及多个主体，包括学校的行政管理人员、专职教师和学生。行政管理人员通常是策划者，教师是执行者和主要参与者，学生则是参与者和接受者。然而，传统观点认为学生是主要的参与者，而教师则是次要的参与者。但实际上，教师通常在校园文化建设中扮演重要角色，因为他们的教龄较长，对校园文化的传承和塑造有着重要影响。由于这些角色和责任的不明确，评价校园文化建设的标准难以统一。例如，学生在某些情况下也可能成为校园文化建设的策划者，如在策划校园文化活动时，他们的参与和创意不可忽视。因此，清晰界定各主体的角色和责任，对于形成有效的校园文化建设评价标准至关重要。物质建设如校园设施、环境和设备等，相对容易衡量，可以通过校园的占地面积、建筑豪华程度、设备先进程度等指标来评价。然而，物质建设的质量与校园文化的深度和内涵密切相关，一个良好的校园环境能够促进精神文化的建设。制度建设的评价则更为复杂，因为它涉及学校的各个部门和不同主体对制度的评价。制度建设的好坏往往依赖于主观评判，难以用客观数据来量化。精神文化建设则是校园文化建设的核心部分，包括学校的价值观念、传统和办学理念等。这些精神文化的建设过程是潜移默化的，无法直接评价其好坏。精神文化的形成需要时间，并且受到多种意识的影响，因此准确评估其对行为主体的作用极其困难。物质建设、制度建设和精神文化建设是相互影响的，良好的物质基础支撑制度建设，制度建设和精神文化建设又会反过来影响物质建设。校园文化建设是一项长期的过程，特别是精神文化的建设，需要一代代人的努力和传承。短期内很难全面展现校园文化建设的成效，因为精神文化的形成和体现的是一个渐进的过程。例如，“十年育树，百年育人”，这一观点强调了校园文化建设的长期性和深远影响。为了应对这一挑战，需要建立有效的校园文化评价体系，以准确衡量长期效果，并及时调整和优化文化建设策略。

（二）校园文化建设评价体系

1.校园文化建设是否围绕着强有力的校园文化内核

校园文化的核心内容应当能够用简洁明了的语言进行提炼。这些核心理念应该体现学校在长期校园文化建设过程中形成的特色和目标。有效的文化内核能够为校园文化建设提供明确的方向，保持文化的生命力，确保校园文化建设不偏离既定目标。它需要以简洁的语言概括，避免复杂的表达，以确保所有校园成员都能够理解和接受；它要突出学校的特色，体现学校独特的文化和教育理念；文化内核还应明确体现学校的教育目标和文化建设方向，涵盖学校在教学、育人、社会服务等方面的核心理念和目标。内核存在的历史长短可以反映其稳定性和持久性，长时间存在的内核表明它在校园文化中占据了重要的位置。修改的频率则能够反映内核的适应性和发展性，频繁修改可能说明需要调整以适应新的变化，而稳定的内核可能表明其已经成熟并有效指导了校园文化建设。概括性评价则考察内核是否能够全面而简洁地涵盖校园文化的主要内容和目标，一个有效的文化内核应能够准确地概括学校的文化精髓。先进性则反映内核是否能够与时代发展保持同步，适应现代教育需求，推动校园文化向前发展。

2.校园文化建设是否使校园文化得到了文化主体的认同

校园文化的生命力和持久性依赖于广泛的主体认同。校园文化建设过程中，确保学校的行政管理人员、教师和学生等主体的普遍认同是至关重要的。即使一种校园文化在效率上表现出色，但如果没有得到主要参与者的认可，也难以长久存在。因此，为了使校园文化能够保持生命力，必须确保它符合校园各主体的审美思想和情趣。这意味着校园文化应当尊重和反映师生的价值观、兴趣爱好以及文化认同。只有当校园文化能够在这些方面与主体的期望一致时，才能获得较高的认同度，并在校园中产生持久的影响力。若校园文化与师生的审美趣味不符，认同度自然会下降，这将对文化的推广和实践造成阻碍。问卷调查是一种直接而有效的手段，它能够收集到大量师生对校园文化的看法和评价。访谈和座谈会则能够深入了解师生对校园文化的理解和感受，通过面对面的交流获取更多的细节信息。这些方法可以帮助学校了解师生对校园文化“内核”的认知程度以及对其他文化活动的认同感。活动的参与人数、师生的积极性以及他们对活动的评价，都能够反映出校园文化的接受情况。如果文化活动得到广泛参与和积极反馈，说明校园文化在师生中得到了较高的认同；反之，则可能需要调整和改进。

第八章　优秀传统文化与校企合作

第一节　校企合作的模式与意义

文化底蕴是锤炼和凝聚的一些基本思想、价值观和思维方式的升华，对一个人整体素质的进步和发展起着重要作用。职业院校学生普遍注重专业技能而缺乏人文知识，文化素质偏低，这必然会影响学生人格的健全发展，最终导致学生素质的不全面。另外，在经济全球化进程中，各种思潮和文化理念蜂拥而至，这使大学生在短时间内难以定位和把握自己，因而出现一些行为错位、道德滑坡等现象。不可否认，在西方文明的冲击下，有部分大学生没有认识到传统文化的重要性，否定和丢弃人文精神，大量的课余时间在各种娱乐活动中消耗殆尽。这些现象表明大学生缺乏优秀文化的教育和熏陶，造成人文精神的缺失，究其根源，就是我国社会在转型过程中没有很好地承接中国优秀的传统文化。传统的人文精神意指修身养性，注重个人品行的修养，它对大学生成长的作用是隐性的。一些人目光短浅、急功近利，看不到传统文化的长久益处，较少进行甚至放弃对传统文化的学习。如果抛弃了传统文化就不仅割断了文化的脉络，也将使现在的生活变得没有底蕴，人们的精神追求失去了源头活水。因此，在日常生活中提倡谦和礼让无形中可以培养大学生与人和谐相处的处世观，大而言之，也有利于社会的安定，对此许多有识之士将希望投向了中国传统文化。

一、校企合作的模式

我国的校企合作起始于20世纪80年代，至今已经成为新时期职业教育发展的重要方向。校企合作在中国特色社会主义市场经济体制下应运而生，以适应工业快速发展的需求，旨在培养新型专业人才。随着经济和产业的快速发展，企业对高素质、技能型人才的需求不断增加，校企合作模式在这一背景下逐渐得到政策的支持和重视。这一合作模式不仅是为了满足市场对技术和职业技能人才的需求，更是对我国职业教育改革和发展的一种积极响应。政策层面上，国家通过一系列战略和政策推动校企合作的深入发展，如出台相关法规、提供资金支持和政策优惠等。这些措施旨在加强学校与企业之间的合作，促进职业教育与实际工作的紧密对接，提高学生的就业能力和实践技能。校企合作的模式多样，包括共建实习实训基地、共同开发课程、企业参与课程设计和教学、学生实习和就业等。通过这些合作，学校可以更好地了解企业的需求，将其反馈到课程和教学中，从而培养更符合市场需求的专业人才；企业则可以通过合作参与人才的培养过程，提前选拔和培训符合自身需求的人才，提升用人效率。

（一）国内校企合作模式研究

我国的校企合作模式可以分为浅层次合作模式、中层次合作模式和深层次合作模式。这三种模式各具特点，满足了不同层次的合作需求。

在浅层次合作模式中，学校根据企业的需求设置专业和实习基地，聘请企业的专家成立指导委员会，形成产学合作体。这个模式的主要特点是学校和企业之间的合作较为基础，主要集中在课程设置和实习安排上。企业的专家参与指导委员会的工作，能够帮助学校了解行业需求，确保课程和实习内容更贴近实际。但在这一模式下，合作的深度和广度相对有限，主要是信息和资源的单向流动。中层次合作模式则包括了学校为企业提供咨询、培训等服务，建立横向联合体，成立董事会，形成多元投资主体。通过这种模式，学校和企业能够形成更加紧密的合作关系，学校提供的服务帮助企业解决实际问题，同时企业的参与也促进了教学计划的优化。这个模式不仅涉及课程设置和实习，还包括了更深入的合作，如共同制订有效实用的教学计划并培养人才。深层次合作模式是学校和企业在合作中实现更高层次的互动和融合。在这一模式下，企业与学校相互合作，依据企业的发展需要进行科研攻关和明确经济研究方向，将研究成果转化为工艺技能、物化产品和经营决策，实现“教学—科研—开发”三位一体的合作。这种模式不仅关注课程和实习，更深入地涉及科研与开发，将科研成果直接应用于实践中，推动技术进步和产业发展，同时也提升了学校的科研能力和企业的技术水平。

（二）企业参与方式及“产、学、研”合作模式研究

我国的企业参与校园合作的模式主要包括“企业配合”、“校企实体合作型”及“校企联合”模式。在“企业配合”模式中，企业和学校通过校企联合的方式，共同参与人才的培养。双方共同制订教学计划、布置教学课程、设定培训目标和方法。此模式的核心在于企业对学校教育的配合，主要集中在教学内容和方法的制定上，合作层次相对较浅。

在“校企实体合作型”模式中，企业全方位参与教育过程。企业不仅参与制订教学计划，还将物资、技术和资金等资源投入高校中，形成深层次和全面的合作关系。企业作为“主人”的角色，参与办学和人才培养的各个方面，分享办学效益。这种模式下，企业对教育的投入不仅限于指导，还包括实质性的资源支持，使校企合作更为紧密，形成利益共同体。

“校企联合”模式则体现了学校和企业共同培养人才、参与研究和确定培养目标、教学计划、教学内容和培养方式的模式。学校与企业在教学活动中深入合作，双方共同参与到教学全过程，形成对人才培养的全面支持。企业不仅参与课程设置，还参与到研究和制定培养方案的各个环节，确保人才培养与行业需求的紧密结合。我国校企合作中的产、学、研模式主要包括订单式人才培养模式、2+1模式、学工交替模式、全方位的合作教育模式、实训—科研—就业模式、双定生模式、工学结合双向介入模式、结合地方经济

全面合作模式以及以企业为主的合作办学模式。在订单式人才培养模式下，企业向学校发出订单，学校根据订单要求培养人才，确保人才能够满足企业的实际需求。2+1模式指的是学生在校学习两年，第三年在企业实习，最后一年继续回校完成学业。学工交替模式则是学生在学习过程中交替进行学业和工作，帮助学生将知识应用于实际工作中。全方位的合作教育模式中，学校和企业在课程开发、教学方法、实习安排等方面进行全面合作。实训—科研—就业模式通过实训、科研活动和就业实践构建综合的教育和培训体系。双定生模式中，学校和企业共同确定学生的培养方案和就业方向，确保人才培养与行业需求对接。工学结合双向介入模式下，企业和学校在教育过程中双向介入，形成互动式合作模式。结合地方经济全面合作模式则是学校与地方经济发展结合，针对地方经济的需求进行人才培养和科技创新。以企业为主的合作办学模式中，企业主导的办学模式形成企业主导、学校协作的合作关系。这些模式体现了校企合作的多样化和深入化，有助于促进教育与行业的紧密结合，提高人才培养的质量和效率。

二、校企合作的意义

（一）学校方面

校企合作对提升职业院校教学质量的作用显著，并且与职业教育发展的内在规律紧密契合。在校企合作过程中，学校能够定期派遣专业骨干教师到企业进行挂职锻炼，不仅有助于教师掌握最新的行业动态和技术前沿信息，还能增强他们的实际操作能力。通过这种挂职经历，教师不仅能够将企业中的实践经验带回课堂，还能够更好地理解和传授行业标准内容和技术要求，从而建设“双师型”师资队伍。这种队伍兼具理论知识和实践经验，使教学内容更加贴近实际，进而提高整体教学质量。学校和企业可以联合设计和调整课程内容，使之紧跟行业的发展趋势和实际需求。企业的参与能够提供行业标准和最新技术支持，从而确保课程内容具有前瞻性和实用性。学校可以开发具有企业特色的课程，使学生在学习过程中接触到真实的工作环境和实际案例，提高他们的实践能力和解决实际问题的能力。这样的课程体系改革，不仅能提升学生的就业能力，也有助于学校课程的不断更新和优化，增强了学校的教学吸引力和竞争力。

通过校企双方的深入探讨和合作，学校可以根据企业的需求和反馈，调整和改进课程内容、教学模式和评价标准。这种合作模式能够确保课程体系的有效性和实用性，使教学内容更好地适应行业发展的变化和学生的职业需求。校企双方的互动，也促使学校对人才培养方案进行动态调整，从而更好地满足市场对新型专业人才的需求。企业的参与不仅可以引入更多的实践环节和项目驱动的教学方法，还能通过实际项目和企业案例的引入，增强学生的实践能力和解决实际问题的能力。这种以项目为驱动的教学模式，有助于提高学生的综合素质，使他们在毕业时能够更好地适应实际工作环境，并迅速融入职场。通过合作，学校能够探索和实施多种办学形式，例如定制化课程、联合建设实验室、共同设立实习实训基地等。这些多样化的办学模式不仅丰富了学校的教学内容，还提高了教育的针对性和有效性。同时，这种多样化的办学形式，也增强了学校与企业之间的合作关系，有助于推动双方在教育和行业发展上的共同进步。校企合作通过教师挂职锻炼、课程共同开发、人才培养方案优化、教学模式改革及办学模式多样化等多方面的举措，有效地提升了职业院校的教学质量，并推动了教育与行业的深度融合。这种合作模式不仅有助于提高学校的办学水平，也为学生提供了更加全面和实际的职业教育体验，进而促进了学生的职业发展和企业的持续创新。

（二）企业方面

校企合作对企业储备人才和实施人才战略具有重要意义，能够有效满足企业对人才培养的内在需求。通过与学校的合作，企业不仅能够参与到学生的培训过程中，还能够在实践中观察学生的表现，从而优先招聘顶岗实习生或录用在校表现优秀的学生。这种合作模式使得学生在进入企业之前，已经在实践中积累了经验，对企业的工作流程和文化有了初步了解，因此能够更快适应岗位要求。这样，企业在招聘时能够减少培训成本和用人成本，降低用人风险，实现了用人效益的最大化。企业通过校企合作能够在学生实习期间对其工作能力和职业素养进行评估，选择那些在实习中表现优秀的学生进行正式录用。这不仅有助于企业在招聘时降低筛选成本，还能确保新员工的工作适应性和生产能力。学生在实习期间已经了解企业的工作环境和文化，能够更快地融入团队，减少了新员工上手的时间，提升了工作效率。在这种互动过程中，企业能够将自身的文化和理念传递给教师和学生。这种文化的传递不仅有助于学生了解行业的最新动态和企业的发展方向，也为教师提供了实践的参考和教学的素材。

这种无形中的文化传播，能够发现企业的合作伙伴和潜在的客户群体。学生在学习和实习过程中对企业文化的认同，往往会影响他们未来的消费选择和职业发展。这在长远来看，有助于企业建立稳定的客户基础和合作网络。校企合作不仅能够帮助企业储备人才和实施人才战略，通过优先招聘和降低用人成本实现实际利益，还能通过文化传递和互动加强企业的市场影响力。这种合作模式使企业能够在人才培养和市场拓展方面获得双重收益，从而实现企业的可持续发展和长期成功。

（三）学生方面

校企合作对学生就业和竞争力的提升具有显著作用，能够有效满足职业学生职业生涯发展的需求。通过校企合作，尤其是“冠名班”模式，企业为学校提供了多种资源和支持。这不仅为学生提供了实习和学习的机会，还大大提高了他们的就业竞争力。企业通过校企合作向学校提供实训场所，设置奖学金，并组织学生参与大型活动。这些举措能够为学生创造更多的实训和实践机会，使他们在学习期间就能接触到实际工作中的专业知识和技能。企业的技术骨干定期到校无偿授课，将其丰富的行业经验和专业知识传授给学生，使他们在课堂上就能获得接近实际岗位的培训。这种深入的企业参与能够帮助学生掌握最新的行业动态和技术，增强其职业能力。校企合作中的“冠名班”模式使得企业能够在学校设置特定的课程和实训项目，将企业的实际需求和标准融入教学中。学生在这样的课程体系下，不仅学习了理论知识，还能够在实践中加深对企业岗位的理解。这种结合能够让学生体验岗位的真实环境，提升他们的实际操作能力和职业素养。

企业还提供阶段性实习岗位和暑期工岗位，进一步增加了学生的实践机会。这些实习和工作岗位使学生能够在企业中实际参与工作，了解企业的运作方式和工作流程。这种实际工作经验对学生来说是极其宝贵的，有助于他们在毕业后迅速适应工作岗位，缩短职场适应期。学生不仅能获得专业知识和技能，还能提前体验职场环境，为未来的职业生涯打下坚实的基础。企业的参与帮助学生在校期间就能接触到真实的工作场景，提升其就业能力和市场竞争力。这种实践与理论相结合的培训模式，使学生能够更好地了解企业需求，提高其就业的匹配度，从而更顺利地进入职场，实现职业发展的目标。

第二节　传统文化在校企合作中的应用

一、传统文化课程与企业培训的结合

（一）企业定制课程

高校与企业合作开发传统文化相关的定制课程具有许多优势，能够在多方面实现互利共赢。

通过与企业合作开发“中华文化精粹”课程，高校可以为学生提供深入了解中国传统文化的机会。这类课程可以涵盖中国历史、哲学、文学、艺术等方面的内容，帮助学生系统地学习和理解中华文化的精髓。企业则可以利

用这些课程提升员工的文化素养，增强其对传统文化的认同感，这对于企业在文化产品设计、市场推广及品牌塑造等方面都是有益的。开发“传统工艺与现代设计结合”课程可以为学生提供实践机会，将传统工艺技术与现代设计理念相结合。这类课程可以让学生在学习传统工艺的基础上，探索如何将这些工艺与现代科技和设计理念融合，创造出具有创新性的产品。企业可以通过这种课程获取具有创新能力的专业人才，提升产品设计和开发的能力，从而在市场上更具竞争力。这种定制课程不仅能丰富学生的知识体系，还能提升他们的实践能力。通过实际项目的参与和企业的指导，学生可以将课堂上学到的理论知识应用于实际工作中，积累宝贵的实践经验。这种课程模式能够有效地衔接理论与实践，提升学生的综合素质和职业能力。对于企业来说，参与课程的开发和实施可以帮助他们培养对传统文化有深入理解的专业人才。这些人才在未来的工作中能够更好地传承和弘扬传统文化，提升企业的文化价值和市场竞争力。同时，企业通过与高校的合作，可以获取新的创意和设计灵感，推动产品创新和市场拓展。

（二）企业员工培训

企业可以通过邀请高校的传统文化专家或教师来为员工进行培训，以提升员工对传统文化的认识和兴趣。这种培训方式能够帮助企业在多个方面获益。通过传统文化培训，企业能够将传统文化元素有效地融入企业文化中，营造企业的文化氛围，使员工在工作中感受到文化的熏陶，这有助于拓展企业文化的内涵和深度。传统文化的学习和应用可以提升员工的职业素养，包括礼仪、沟通技巧和职业道德，从而提高工作效率和质量。这种培训能够激发员工对传统文化的兴趣和热情，使他们在工作中更具创造力和投入感。员工在培训过程中感受到企业对他们发展的关心和重视，可以增强他们对企业的认同感和忠诚度。培训常常涉及团队活动和互动，不仅有助于促进团队建设，提高团队的凝聚力，还能够通过提升团队合作能力推动企业的发展。同时，企业对传统文化的重视和传承能够提升企业的社会形象和品牌价值，从而在公众和客户中树立良好的企业形象。员工能够获得新的创意和灵感，推动企业在产品设计、市场营销等方面的创新与发展。总的来说，传统文化培训为企业带来的不仅是文化层面的提升，还有对员工素养、企业文化和品牌形象的全面提高。

二、传统文化创意产品开发

（一）传统工艺与现代设计结合

高校与企业的合作开发，将传统工艺与现代设计相结合的创意产品，可以有效地实现传统文化的传承与创新。通过这种合作模式，双方可以利用各自的优势资源，推动传统工艺的现代化和商业化，同时创造出具有文化价值和市场潜力的产品。高校中的传统文化专家和工艺研究人员可以为合作项目提供深厚的文化背景和高超的技术支持。他们可以深入研究传统工艺的历史、技艺和美学特点，开发出具有独特风格的创意产品。企业则可以利用其市场调研和生产能力，将这些创意产品转化为实际的商品，并通过商业化渠道推广到市场上。具体而言，传统纹样的时尚饰品、传统技艺的家居用品等创意产品不仅能够展示传统工艺的魅力，还能够满足现代消费者对个性化和文化内涵的需求。例如，将传统纹样融入现代时尚饰品中，不仅能够为消费者提供独特的美感体验，还能展现文化的深度和价值。传统技艺与现代家居设计相结合的产品，如手工雕刻的家具或装饰品，则可以为家庭环境增添文化氛围，同时也提升了传统工艺的市场竞争力。

（二）文化品牌打造

企业通过利用传统文化元素打造品牌形象，可以显著提升品牌的文化价值和市场竞争力。这种做法不仅能够增强品牌的独特性和吸引力，还能为企业建立更深层次的文化连接。高校可以在这一过程中提供宝贵的支持和资源。

通过讲述传统文化中的经典故事、传说或历史背景，企业能够为品牌注入丰富的文化内涵。这些品牌故事可以提升消费者对品牌的认同感和情感连接，使品牌形象更加深刻和有意义。高校中的传统文化专家可以提供这些故事的研究和解读，帮助企业准确而生动地展现传统文化的精髓。传统文化中的图案、符号和颜色具有独特的象征意义，能够为品牌标志赋予独特的文化印记。高校可以为企业提供设计建议和文化背景支持，帮助企业将这些元素有效地融入品牌标志中，从而增强品牌的识别度和文化象征性。传统的工艺纹样、民俗图案或经典艺术风格可以使产品包装更具文化价值和视觉吸引力。高校可以参与包装设计的研究与指导，确保传统文化元素在包装设计中的应用既美观又符合文化背景。企业可以获得关于传统文化的深入分析和设计建议，从而更好地将传统文化元素融入品牌建设中。这种合作不仅能够提升品牌的市场竞争力，还能够加深消费者对品牌的文化认同感，提高品牌的整体价值。同时，这种融合也有助于推广传统文化，提升其在现代社会中的影响力并扩大应用范围。

三、传统文化活动与企业社会责任

（一）文化活动策划与组织

高校与企业可以合作策划和组织传统文化活动。这种合作不仅有助于丰富校园和社区的文化生活，还能提升企业的社会影响力和公众形象。通过共同策划传统节日庆典，如春节、端午节、中秋节等，双方可以结合传统习俗组织相关活动，如制作传统食品、书法展示、民俗表演等。企业可以为活动提供赞助和物资支持，高校则负责活动的组织和执行，引入专业的文化研究和表演团队。这样不仅能够丰富校园和社区的文化生活，还能展示企业的文化责任感和社会参与度。合作举办传统文化展览，如展示传统艺术品、工艺品、历史文献等，也是一种有效的方式。展览可以围绕某一主题，如传统手工艺、古代书画、民俗风情等进行。企业可以提供展览场地、展览品的支持和宣传推广，高校则负责展览的策划、布置和讲解。这种展览不仅能够提升企业的公众形象，还能为校园和社区提供丰富的文化体验，促进传统文化的传播和保护。组织传统艺术表演也是一种合作方式，如京剧、民间音乐、舞蹈等。企业可以为艺术表演提供赞助费用并给予相关设施支持，高校则负责演出安排和艺术指导。这些艺术表演能够提升校园和社区的文化氛围，同时企业的赞助和参与能增强其文化品牌形象，扩大社会影响力。通过举办文化讲座和工作坊，企业和高校可以共同开展传统文化的讲解和实际操作课程，如传统手工艺品制作、书法练习等。企业可以提供讲座和工作坊的资金支持和物资，高校则负责课程内容的设计和实施。这些活动不仅能够加深参与者对传统文化的理解并激发其兴趣，还能提升企业在文化教育活动中的社会形象。组织社区文化合作活动，如传统文化体验日、文化游园活动等，可以将传统文化引入社区生活。企业提供活动的资金和物资支持，高校负责活动的策划和组织。这类活动不仅提升了企业在社区的知名度，还促进了校园与社区的互动，推动了传统文化的普及和实践。通过这些合作方式，高校和企业能够共同推动传统文化的传承与创新，同时提升各自的社会影响力和公众形象。

（二）公益项目与文化传播

企业可以通过参与和资助传统文化的公益项目来履行社会责任，并促进传统文化的传承和推广。企业可以资助高校开展传统文化教育公益活动，例如在中小学中举办传统文化讲座、工作坊和课程。企业的资助将支持活动的材料准备、专家费用以及其他相关支出，帮助推广传统文化的教育，提升社会对传统文化的认知。如古建筑修复和传统工艺传承。高校可以提供专业的研究和技术支持，包括对文化遗产的评估、修复方案的设计以及传承技术的培训。企业的资金支持将帮助保护和修复珍贵的文化遗产，同时提升企业的文化价值和社会影响力。企业还可以赞助传统文化推广活动，如传统节日庆典、文化展览和艺术表演。企业的资助和参与将扩大活动的规模和提高影响力，同时展示企业对传统文化的支持。企业还可以资助传统文化研究项目或出版物，如研究论文、专著和期刊。高校提供研究和编辑支持，包括课题研究、论文撰写和出版策划。企业的资助有助于推动传统文化的深入研究和传播，同时提升企业的文化品牌形象。企业可以资助文化创意项目，如传统文化与现代设计的结合和传统工艺的创新产品开发。高校提供创意设计和技术支持，包括产品开发、市场调研和文化内涵的融入。企业的资助将促进传统文化的商业化和创新，提高企业的市场竞争力和文化影响力。

第三节　校企合作的成功案例分析

一、腾讯与深圳大学的合作

（一）合作背景

腾讯与深圳大学在技术研发、人才培养和项目合作方面展开了深度合作。腾讯不仅支持学校的计算机科学与技术相关课程，还共同开展了技术创新研究。这种合作模式体现了企业与高校之间的紧密联系，帮助学校在技术研究和教学中融入实际行业需求，同时也为学生提供了实践机会。通过共同开发前沿技术和提供实习机会，腾讯与深圳大学的合作不仅推动了技术创新，还提升了学生的职业技能，促进了理论与实践的结合。这种资源共享和优势互补的合作模式，实现了双方在技术和人才培养方面的共同发展。

（二）合作成果

腾讯与深圳大学在合作中共同开发了多个前沿科技项目，包括人工智能和大数据分析等领域。这种深度合作使双方在技术创新和应用中获得了显著的成果。腾讯不仅提供了丰富的资源和实践平台，还为深圳大学的学生提供了实习和就业机会，使学生们能够在腾讯的实际工作环境中获得宝贵的实践经验。学生们参与了腾讯的技术研发项目，接触到了最新的技术应用和行业挑战，不仅提高了他们的实战能力，也加深了他们对前沿技术的理解。腾讯的企业环境和项目经验为学生们提供了丰富的学习机会，帮助他们更好地将学术知识转化为实际技能。深圳大学通过培养和输送大量高素质的技术人才，为腾讯的技术团队注入了新鲜血液。大学的技术研究和培训为腾讯带来了创新思路和技术支持，促进了公司的技术发展和项目推进。在校期间，深圳大学的学生不仅得到了优质的教育，还在与腾讯的合作中积累了实际经验，使他们能够更好地融入职场中。这种合作模式实现了教育与产业的紧密对接，推动了技术创新和人才培养的双赢局面。双方的共同努力不仅提高了技术水平，也为未来的科技发展和产业进步奠定了坚实的基础。

（三）成功因素

腾讯与深圳大学的合作模式注重了双方的优势互补。腾讯利用其广泛的实践平台和丰富的行业经验，为合作项目提供了实际应用场景和技术支持。深圳大学则通过其强大的科研能力和丰富的人才资源，为合作注入了先进的学术研究和创新思路。在这种深度的校企合作中，腾讯为深圳大学的学生提供了实习机会，使他们能够在实际工作环境中应用和验证所学知识。这不仅提升了学生的实践能力，也帮助他们更好地理解行业需求和技术应用。学生们通过参与腾讯的项目，积累了宝贵的实践经验，为未来的职业生涯打下了坚实的基础。大学的研究成果和技术方案被引入到实际项目中，为腾讯的技术发展带来了新的视角和解决方案。这种合作模式有效地将学术研究与实际应用相结合，推动了技术的创新和进步。这种深度的校企合作模式不仅促进了技术的发展，也提升了学生的综合素质和实践能力。通过双方的共同努力，合作项目取得了显著的成果，为未来的科技发展和产业进步奠定了坚实的基础。

二、华为与清华大学的合作

（一）合作原因

华为与清华大学的合作关系非常紧密，涵盖了多个重要领域，包括研发合作、课程设计和人才培养等方面。这种长期的合作关系体现了华为对高等教育和技术创新的重视，同时也展示了清华大学在科技研究和人才培养方面的强大能力。在研发合作方面，华为与清华大学共同开展了多个前沿科技项目。这些合作项目涉及人工智能、通信技术、5G网络等领域，通过将华为的行业经验和技术资源与清华大学的研究能力相结合，推动了科技创新和技术进步。为了进一步加强合作，华为在清华大学设立了“华为联合创新实验室”。这个实验室不仅为清华大学的师生提供了先进的技术设备和研究平台，还为他们提供了与华为技术专家合作的机会。实验室的设立旨在促进学术研究与实际应用的结合，为创新项目提供支持和指导。华为与清华大学共同开发了与行业需求紧密相关的课程和培训项目。这些课程不仅涵盖了最新的技术发展，还注重培养学生的实际操作能力和解决问题的能力，为他们提供了更好的职业发展机会。通过提供实习机会、参与课程设计和组织技术讲座等方式，华为帮助学生了解行业动态，提升他们的专业技能和职业素养。这种合作不仅促进了学生的成长，也为华为未来的人才储备打下了坚实的基础。

（二）成果展示

通过长期合作，华为与清华大学共同开发了多个前沿技术领域的项目，如5G通信技术、物联网等。这种合作模式充分发挥了双方的优势，推动了技术创新和应用。

在5G通信技术方面，华为凭借其在全球通信设备领域的领先地位，与清华大学的研究团队共同探索5G网络的核心技术和应用场景。这种合作不仅提升了5G技术的研发水平，还加速了5G商用的进程。华为提供了先进的设备和技术支持，而清华大学则贡献了深厚的理论研究和技术创新。通过将华为的行业经验与清华大学的学术研究结合起来，双方在智能家居、智能城市等方面取得了显著的成果。这样的合作不仅推动了物联网技术的发展，也为相关行业提供了实践经验和技术支持。华为还向清华大学提供了丰富的实习和就业机会，使学生能够在实际工作中应用所学知识，积累行业经验。这些机会包括在华为总部或研发中心的实习、参与实际项目的开发等，为学生的职业发展提供了宝贵的资源。通过研究团队的支持，华为能够获得最新的学术成果和创新思路，对华为的技术发展和产品优化具有重要意义。清华大学的研究不仅为华为提供了技术指导，还帮助其在新技术领域保持领先地位。华为与清华大学的合作模式有效地促进了技术创新和应用，为双方带来了实质性的收益。华为的实习和就业机会增强了学生的实践能力，而清华大学的技术支持和研究成果也推动了华为的技术进步。这种深度合作不仅提高了双方的行业竞争力，也推动了科技进步和社会发展。

（三）成功原因

这种合作模式注重战略层面的对接，华为在合作中主要提供了资金和技术资源，确保了研究和项目的顺利推进。而清华大学则发挥了其在科研和人才培养方面的优势，提供了强大的科研力量和人才储备。双方的紧密合作不仅促进了科技成果的转化，还推动了行业技术的发展。华为通过资金支持和技术资源的投入，为清华大学的研究项目提供了必要的保障。这些资金不仅用于实验设备的采购和技术开发，还包括研究人员的支持和项目的实施。技术资源方面，华为提供了最新的硬件、软件工具和技术平台，使得清华大学的研究团队能够在实际应用环境中进行测试和验证。清华大学则利用其深厚的学术背景和科研能力，承担了技术研发和创新的主要任务。大学的研究团队负责探索前沿技术，开展基础研究和应用研究，确保技术的创新和突破。人才储备方面，清华大学培养了一批高素质的科研人才，这些人才不仅在研究中发挥了关键作用，也为华为提供了宝贵的技术支持。通过双方的密切合作，许多科技成果得以快速转化为实际应用。例如，5G通信技术和物联网的研究成果被应用到实际的产品和服务中，这些技术的商业化不仅提升了华为的市场竞争力，也推动了整个行业的技术进步。华为与清华大学的合作模式通过战略层面的对接，实现了资金、技术和人才的有效结合。这种模式不仅加快了科技成果的转化进程，也推动了行业技术的发展，为双方带来了长期的利益和发展机会。

三、阿里巴巴与浙江大学的合作

（一）合作方式

阿里巴巴与浙江大学在电子商务、大数据分析、人工智能等前沿领域展开了深入合作，推动了技术创新和人才培养。双方合作的重点包括多个领域，其中电子商务合作涉及平台优化、用户体验提升以及新型商业模式的探索。阿里巴巴提供了实际平台和数据支持，浙江大学则贡献了创新性的研究和技术建议。在大数据分析领域，双方共同开发了数据分析工具和算法，提升了数据处理能力和分析效率。阿里巴巴提供了大量实际数据，浙江大学则贡献了先进的分析模型和方法。在人工智能领域，合作涵盖了机器学习、自然语言处理、计算机视觉等方面，双方共同开发了智能算法和应用场景，推动了人工智能技术的商业化和实际应用。为了支持这一合作，阿里巴巴在浙江大学设立了“阿里巴巴创新实验室”，该实验室专注于前沿技术的研发和应用，为双方提供了丰富的资源和设备，支持高水平的技术创新。实验室的研究项目涉及电子商务、大数据、人工智能等领域，旨在将最新科技成果转化为实际应用。阿里巴巴不仅在技术创新方面取得了显著进展，还为浙江大学的学生提供了宝贵的实习和就业机会，提升了他们的实践能力和行业经验。同时，阿里巴巴也从浙江大学获得了大量前沿的研究成果和技术支持。这种校企合作模式有效地促进了技术的应用与发展，为双方带来了长期的利益，推动了科技进步，也为培养高素质的技术人才和推动行业技术发展作出了重要贡献。

（二）合作项目

在合作项目中，阿里巴巴和浙江大学密切合作，涵盖了多个技术领域，具体包括电子商务平台的技术优化和数据分析工具的开发。在电子商务平台方面，阿里巴巴提供了其先进的技术需求和实际应用场景，浙江大学则利用其在计算机科学和信息技术方面的专业知识，对现有系统进行优化和升级。这种合作使得电子商务平台在性能、稳定性和用户体验等方面得到了显著提升。双方共同开发的数据分析工具，能够处理大规模数据集，提供具有深度洞察性的数据和分析结果。这些工具的开发不仅提升了数据处理的效率，还帮助阿里巴巴在数据驱动决策方面取得了重要进展。在合作过程中，浙江大学的学生得到了宝贵的实习机会，他们不仅在阿里巴巴的实际工作环境中进行实践，还参与了项目的各个阶段，从需求分析到技术开发，再到系统测试和优化。这种实践经验不仅加深了学生对行业的理解，还提升了他们的职业技能，为其未来的职业生涯奠定了坚实的基础。浙江大学的前沿研究和技术创新为阿里巴巴提供了新的视角和解决方案，推动了公司的技术进步和产品创新。这种双向合作不仅促进了技术的发展，也加深了学术界与产业界的联系，使得双方在各自领域中的竞争力得到了提升。

（三）成功因素

阿里巴巴与浙江大学的合作注重了双方资源的整合与共享，形成了互利共赢的合作模式。阿里巴巴凭借其在电子商务、大数据分析和人工智能领域的行业实践和技术应用场景，为浙江大学的研究提供了真实的需求和实践机会。浙江大学的学术研究得以在实际应用中得到验证和扩展，同时也为阿里巴巴提供了前沿的技术支持和创新思路。浙江大学则贡献了其在科研领域的专业知识和创新能力，为阿里巴巴的技术发展提供了理论支持和研究成果。大学的研究人员和学生通过合作项目，能够将最新的学术研究成果转化为实际技术应用，推动了技术的不断进步和创新。这种合作模式不仅促进了学术界与产业界的紧密结合，还推动了技术的应用与发展。阿里巴巴从浙江大学的创新研究中获得了新的技术解决方案和改进建议，而浙江大学则通过参与实际项目，提升了其研究的实际价值和社会影响力。这种深度的校企合作，推动了科技成果的转化，也为行业和学术界的持续发展奠定了坚实的基础。

第四节　校企合作中传统文化的推广策略

中华优秀传统文化流传久远，博大精深、意存高远，蕴含民族精神、审美情趣、人生哲理等，是人文理想的荟萃，是民族智慧的源头，是构成中华民族凝聚力、民族自信心、民族文化素质的源泉之一。如："诚实守信""三省吾身""勤劳俭朴""温良恭俭""己所不欲，勿施于人"的修身之道；"天下兴亡，匹夫有责""乐以天下，忧以天下"的崇高志向；"富贵不能淫、贫贱不能移、威武不能屈"的浩然正气；"厚德载物，达济天下"的广阔胸襟；"大道之行，天下为公"的社会理想等等，于个人乃成人之本，于民族乃民族之魂，于国家乃立国之基。继承和创新中华优秀传统文化，是构建中华优秀传统文化传承体系、推动文化传承创新的重要途径，是培育和践行社会主义核心价值观、落实立德树人根本任务的重要基础。

一、文化课程与培训项目

（一）定制课程开发

高校和企业的合作可以在传统文化的教育和应用方面发挥重要作用。通过联合开发定制课程，企业和高校可以将中华传统艺术、工艺品制作、传统节日文化等内容融入教学体系中，为学生和员工提供系统而深入的传统文化学习机会。

高校可以发挥其在传统文化研究和教学方面的优势，为课程的设计和开发提供学术支持。高校的传统文化专家能够将中华传统艺术如书法、国画、传统音乐等，工艺品制作技巧以及传统节日的历史背景和现代应用，整合到课程内容中。这些课程可以结合专业课程进行设计，例如将传统艺术与现代设计结合、将工艺制作与科技创新融合等，从而丰富课程内容，提升学习体验。书法和国画课程不仅让学生了解传统艺术形式，还培养他们的审美能力和创造力。学生可以掌握传统技法，同时在课程中学习艺术的历史和文化背景。传统音乐课程则可以让学生体验古代乐器的演奏，了解传统音乐的理论和实际应用。工艺品制作课程可以涵盖传统手工艺的各种技巧，包括陶艺、刺绣、木工等。学生不仅可以学习到传统工艺品的制作过程，还可以在实践中体会到工艺品制作的美学和实用价值。企业员工通过参与这样的课程，可以在工作中更好地运用这些传统工艺技巧，提升产品的文化价值和市场吸引力。传统节日文化课程可以让学生和员工了解中国传统节日的起源、习俗以及如何在现代社会中应用这些传统元素。通过学习节日的文化背景，参与节日庆典活动，学生和员工能够更好地融入传统文化的氛围中，并在工作中运用这些知识，增强团队的凝聚力和文化认同感。企业通过与高校合作开发这些课程，不仅能够丰富员工的文化素养，提升他们的创造力和工作满意度，还能够在企业内部培养对传统文化的认同感和尊重。企业可以将这些课程作为员工培训的一部分，通过实际操作和学习提升员工的技能和素质。同时，企业还可以利用这些课程提升品牌形象，增强市场竞争力。传统文化课程的引入为企业塑造其文化价值观提供了新的途径，使企业能够在现代市场中融入更多的文化内涵和创新元素。

（二）企业内训

企业可以通过邀请高校的传统文化专家为员工提供专题培训，从而增强员工对传统文化的认知和理解。这种培训旨在帮助员工深入了解和体验传统文化的精髓，提升他们的文化素养和审美能力。培训可以采用多种形式，以满足不同员工的需求和兴趣，包括讲座、工作坊、实地考察等。

讲座形式的培训通常由传统文化专家主讲，内容包括传统文化的核心理念、历史背景、文化价值观以及在现代社会中的实际应用。通过系统化地讲解，员工可以全面了解传统文化的基础知识，并掌握其精髓。这种形式的培训可以帮助员工建立对传统文化的系统性认识，认识到传统文化在日常生活和工作中的实际意义。员工可以亲身参与传统工艺的制作过程，例如书法、陶艺、传统烹饪等。这种亲身实践的机会不仅能增强员工对传统工艺的理解，还能提高他们的动手能力和创造力。员工能够体验传统工艺的精妙之处，感受传统文化的魅力，这种实际操作的体验使得学习变得更加生动和有趣。通过组织员工参观传统文化遗址、工艺坊或参与传统节日庆典，使他们可以在真实的文化环境中感受传统文化的氛围。这种体验能够让员工直接接触和观察传统文化的实践应用，使他们对传统文化有更直观的认识。例如，参观古老的手工艺制作场所，可以让员工了解传统工艺的历史传承和制作过程；参与传统节日庆典则能让员工体验节日的独特习俗和文化氛围。这些培训活动的实施不仅有助于员工对传统文化的深入理解，还能够提升其文化素养和审美能力。员工通过学习和体验传统文化，能够更好地融入企业的文化氛围中，增强团队的凝聚力和归属感。企业通过举办这些培训活动，展示了其对传统文化的重视和对企业文化建设的用心。这种对传统文化的支持和推广不仅提升了企业的文化形象，还增强了其社会责任感。

二、传统文化活动与项目合作

（一）共同策划文化活动

高校和企业可以联合举办与传统文化相关的活动，如传统节日庆典、文化展览和艺术表演等。这些活动不仅能够丰富校园和社区的文化生活，还能有效地推广传统文化，将其影响力扩展到更广泛的公众和社会群体。

通过与企业合作，高校可以在节日期间组织丰富多彩的庆祝活动，如春节、中秋节、端午节等传统节日的庆典。这些活动可以包括传统的民俗表演、节日美食展览、手工艺品展示等，使公众能够在参与中感受到传统节日的独特魅力和文化氛围。这些庆典活动还可以邀请企业参与赞助和提供支持，增强企业的社会影响力和文化认同感。高校和企业可以共同策划和举办各类文化展览，展示传统艺术品、工艺品和历史文物等。展览可以涵盖书法、绘画、刺绣、陶瓷等传统工艺，既能展示传统文化的精美和深厚，也能为公众提供学习和欣赏的机会。这种展览活动还可以设置互动环节，如手工制作体验、文化讲座等，进一步增强参与感和互动性。高校和企业可以联合举办传统艺术表演，如京剧、昆曲、民族舞蹈等，通过专业的艺术团队和演员展示传统文化的独特魅力。这样的表演不仅能让观众欣赏到高水平的传统艺术作品，还能通过演出中融入的文化故事和历史背景，增强公众对传统文化的理解和认同感。高校和企业可以共同推动传统文化的传承和创新，增强社会对传统文化的关注和认同感。同时，这些活动也有助于提升高校和企业的文化影响力，展示其在社会文化建设中的积极贡献。企业通过参与和支持这些活动，能够树立良好的品牌形象，提升企业的社会责任感和文化内涵；高校则通过组织和策划这些活动，能够展示其在传统文化研究和推广方面的专业能力，增强学校的社会声誉和文化影响力。

（二）创新项目合作

高校和企业可以通过联合开发结合传统文化的创新项目，开拓新的商业机会和推动传统文化的现代化应用。这些项目可以涵盖多个领域，带来多方面的合作和发展。

这类产品将传统工艺元素融入现代设计理念中，创造出具有文化内涵且符合当代审美观念的商品。例如，传统的中国风纹样可以被设计成时尚的饰品，如项链、耳环和手链；传统的陶艺技巧可以被应用于现代家居用品的设计，如花瓶、碗碟和灯具。这种设计不仅能使传统工艺焕发新的活力，还能满足现代消费者对独特和个性化产品的需求。这种结合有助于传统工艺的创新应用和市场推广，同时提升企业在竞争激烈的市场中的独特性和竞争力。可以通过创建数字化教育平台，让用户通过在线课程、虚拟现实体验和互动应用等形式，深入了解和体验传统文化。例如，可以开发一个虚拟现实平台，让用户在虚拟环境中体验传统节日的庆祝活动，或者创建一个互动式的在线学习平台，提供关于传统艺术、手工艺和文化历史的课程。这些数字化应用不仅使传统文化更加易于传播和学习，还能够吸引年轻一代的兴趣，增强他们对传统文化的认同感。这种合作模式不仅推动了传统文化的创新应用，也为企业带来了新的商业机会和增值空间。通过将传统文化融入现代产品和技术中，企业能够提升品牌价值、增强市场竞争力，并在全球市场中树立独特的文化形象。同时，这种合作也有助于高校在传统文化研究和教育方面取得实质性的进展，培养出更多具有传统文化素养的专业人才。高校和企业能够共同推动传统文化的传承与发展，创造出具有深远影响的文化和商业价值。

三、文化创意产业发展

（一）传统文化品牌创建

企业可以通过利用传统文化元素来创建品牌形象和系列产品，显著提升品牌的市场认知度和产品的文化附加值。在品牌形象设计中，企业可以融入传统文化的元素，如经典故事、历史人物或文化符号，以创造一个富有文化内涵的品牌故事和形象。这种品牌故事能够在市场上形成独特的文化识别度，从而吸引消费者的关注并增强品牌的吸引力。企业可以开发系列具有传统文化特色的产品。这些产品可以结合传统工艺和现代设计。例如，可以推出具有中国风元素的家居饰品，或者将传统工艺品以现代化的形式进行重新设计，使其更符合当代消费者的审美和使用需求。传统文化不仅在产品中得到了体现，还能在市场上找到新的发展空间和商业机会。高校可以发挥其在传统文化研究和设计方面的专业优势，提供相关的支持和指导。高校的传统文化专家可以为企业提供深入的文化背景分析和设计建议，帮助企业将传统文化元素有效地融入产品和品牌中。具体来说，高校可以通过文化研究、设计支持和市场调研等方式，帮助企业了解传统文化的内涵，并将其应用于品牌形象和产品设计中。这种合作不仅能促进传统文化的创新应用，还能提升企业的市场竞争力和品牌价值，最终实现文化和商业的双赢。

（二）创意产品与服务

高校与企业的合作在开发与传统文化相关的创意产品和服务方面具有巨大的潜力。例如，双方可以共同研发将传统工艺与现代设计理念结合的产品，如具有传统元素的家居用品、时尚配饰或生活用品。这些产品不仅能够体现传统工艺的独特魅力，还能够满足现代消费者的需求，从而在市场上占据一席之地。通过将传统文化元素融入旅游线路、景区设计和旅游体验中，可以为游客提供更丰富、更有深度的文化体验。例如，可以设计包含传统工艺品制作体验、文化讲解和传统节日庆典的旅游项目，让游客在享受风景的同时，还能深入了解和体验传统文化。这种方式不仅能增强旅游项目的吸引力，还能够推动地方经济的发展。传统文化得到了有效的推广和传承，同时也推动了文化产业的发展。企业可以通过创新的产品和服务拓展市场，增加收入，而高校则可以通过实践合作实现学术研究与实际应用的结合。这种合作实现了文化与经济的双赢，使传统文化在现代社会中焕发出新的生命力和活力。

第九章　优秀传统文化与职业教育国际化

第一节　职业教育国际化的背景与现状

一、职业教育国际化的背景

（一）全球经济一体化

跨国企业对具有国际视野和多元文化背景的专业人才的需求日益增加，主要是因为全球化进程的推进使得业务运营和市场拓展变得更加复杂。职业教育的国际化就是为了培养能够在全球化环境中竞争的技术和管理人才。这些人才不仅需要具备扎实的专业技能，还需具备全球视野，了解不同文化背景，以便更好地应对跨国企业的挑战并及时抓住机遇。在全球经济的竞争和合作中，各国经济体之间的互动变得更加频繁和复杂。为了提升本国劳动者的全球竞争力和适应能力，各国的职业教育体系也在不断向国际标准靠拢。这种国际化的职业教育体系不仅有助于提高劳动者的技能水平，还能帮助他们更好地理解和遵守国际市场的规则并顺应发展趋势，从而提升其在全球经济中的竞争力。职业教育国际化还促进了跨国合作与交流，推动了教育资源的共享与整合。例如，通过建立国际合作项目、开展国际认证课程、实施交换生计划等方式，学生可以在不同国家的教育体系中获得经验，同时也可以让教育机构和企业从全球范围内获取人才和技术支持。这种跨国合作不仅能够提升教育质量，还能为企业提供更多具有国际背景的高素质人才，推动全球经济的共同发展。

（二）技术和行业的快速变化

随着全球化进程的推进和技术的飞速发展，跨国企业对具备国际视野和多元文化背景的专业人才的需求显著增加。职业教育的国际化不仅是满足企业对高素质劳动者需求的战略举措，也是提升本国劳动者全球竞争力的重要途径。通过国际化的职业教育模式，可以培养出具备全球竞争力的技术和管理人才，使其能够在不同文化和经济环境中灵活应对，满足跨国企业对多元化技能和国际化经验的要求。科技的不断进步和行业的快速变革对职业技能提出了新的挑战。现代技术，如人工智能（AI）、大数据分析、物联网（IoT）和虚拟现实（VR），正在深刻改变各行各业的工作方式。这些技术不仅提升了工作效率，还创造了新的职业岗位和技能需求。为了使职业教育能够有效应对这些变化，教育机构需要跟上全球技术发展的步伐，引入先进的技术和课程，确保学生能够掌握最新的技能和知识。例如，职业教育课程可以结合最新的技术进展，如数据科学、编程、自动化技术等，为学生提供前沿的学习机会和实践经验。这种技术更新和课程革新有助于提高教育质量，使学生能够在不断变化的行业环境中保持竞争力。许多行业和职业的标准逐渐趋向国际化。这种标准化不仅涉及技术和操作规范，还包括职业资格认证和技能评估。职业教育需要与这些国际标准对接，以确保学生具备符合全球行业标准的技能和知识。通过采用国际认可的认证体系、课程标准和评估方法，职业教育能够提高教学质量，并使学生在全球市场中具备与国际要求相符的资质。例如，职业教育机构可以引入国际认证的培训和评估体系，使学生能够获得国际认可的资格证书。这种对接不仅提升了学生的国际流动性，还增强了他们在全球竞争中的优势。

（三）国际化的教育资源和交流

通过国际化，职业教育机构能够获得来自全球范围内的课程、教材、师资等多样化的教育资源。这种资源共享不仅能够丰富教育内容，还能提升教育质量。例如，国际化的课程体系可以引入全球最前沿的技术和教学方法，而国际化的教材则能够提供跨文化的视角和知识。在师资方面，国际合作可以引入顶尖的教育专家和行业精英，为学生提供更高水平的教学和指导。这种全球教育资源的共享和交流，不仅帮助职业教育机构提升其教育质量，还能为学生提供更广阔的学习和发展机会。通过国际的合作项目，如联合培养、学生交换和教师培训，职业教育机构能够实现跨国教育经验和实践机会的互通。这些项目通常包括联合培养，通过与国际高校或企业的合作，职业教育机构可以共同开发课程和培训项目，为学生提供双重学位或认证。这种模式能够使学生在不同国家和文化中接受教育，拓展其全球化视野并提升跨文化适应能力。学生交换项目允许学生在合作的国际教育机构中进行短期或长期学习。这些项目不仅丰富了学生的教育经历，还增强了他们的国际理解力和实践能力。例如，学生可以在国外的企业或实验室中进行实习，获得全球化的职业经验。教师的国际培训项目可以提升教师的教学技能和学术水平，同时也能让教师了解不同国家的教育方法和标准。这种培训有助于教师在课程设计和教学实施中融入国际化的元素。这些跨国合作项目不仅推动了职业教育的国际化进程，还促进了不同国家和地区之间的教育资源共享和文化交流。学生和教师能够获得丰富的国际化教育经验，提升其全球竞争力和实践能力。

（四）人才流动和移民政策

随着全球人才流动性增加，越来越多的职业教育机构需要提供符合国际标准的课程和培训，以确保学生能够顺利进入国际劳动力市场。这包括更新课程内容，采用国际化的教学方法，以及提供多语言的学习支持。同时，职业教育机构还应关注全球经济和行业的发展趋势，以便准确预测和培养未来所需的技能和职业能力，使学生能够在全球范围内竞争，满足国际企业和机构对高素质劳动力的需求。

随着一些国家对技术移民政策的放宽，职业教育机构需要适应这些政策变动，以便为学生提供更具竞争力的全球职业机会。机构可以通过开发国际化课程和获得国际认证来帮助学生取得职业资格和提高其市场价值。这包括与国际认证机构合作，确保课程和学位符合全球标准；同时，提供针对移民政策的咨询和指导，帮助学生了解不同国家的职业要求和移民程序。这样，学生在获得国际认可的学历和技能后，可以更容易地在全球范围内寻找和获得合适的职业机会，满足日益增长的国际劳动力市场需求。

（五）国际化的教育理念和标准

教育理念的变化推动了国际化职业教育的发展，强调多元文化、全球视野和跨文化沟通能力。在国际化的职业教育过程中，教育机构需要引入这些理念，以培养具备国际视野的专业人才。多元文化教育理念要求课程内容不仅涵盖本国的知识，还包括全球范围内的文化和社会背景，以帮助学生理解和尊重不同文化的价值观和实践。全球视野的培养则涉及全球经济、政治和科技发展的最新动态，以确保学生能够在国际环境中有效地工作和沟通。跨文化沟通能力的提升对于学生适应国际工作环境尤为重要，这包括学习外语、理解不同文化的沟通风格以及在跨文化团队中合作的能力。许多职业领域的认证和标准已经实现国际化，这意味着职业教育机构需要遵循这些国际标准，以提高毕业生的全球认可度和就业竞争力。国际认证通常涉及对课程内容、教学质量和毕业生能力的严格评估，通过获得国际认证，职业教育机构可以证明其教育质量符合全球标准。遵循国际标准不仅帮助机构在国际上获得良好的声誉，也确保学生在进入全球劳动力市场时具备被广泛认可的资格和能力。通过与国际认证机构的合作，职业教育机构可以不断更新和优化课程内容，确保教育体系能够适应快速变化的全球职业环境。

二、职业教育国际化的现状

（一）全球化趋势与合作

职业教育的国际化趋势日益明显，许多国家和地区致力于加强职业教育领域的国际合作，促进全球教育资源的共享和交流。这一趋势包括了多个方面，如跨国教育项目的开发、国际学术交流，以及国际认证和标准的建立。

许多高等院校和职业培训机构与国外教育机构合作，推出联合培养项目和双学位课程。这些项目旨在提升学生的国际竞争力，通过跨国学习和实习经历，使学生能够获得全球化视野和多元文化背景。例如，一些大学与国际知名企业合作，提供全球实习机会，使学生能够在不同国家的工作环境中积累实际经验。双学位课程使学生能够同时获得两所合作高校的学位，增加他们的学历背景和国际认可度。教育机构通过参与国际会议、学术研讨会和研究合作项目，分享最新的教育研究成果和教学实践。这种交流不仅有助于提升教育质量，还促进了不同国家和地区教育体系的相互学习和借鉴。通过这些学术交流活动，教育工作者能够了解全球职业教育的发展动态和最佳实践，从而不断改进和优化本国的教育模式。国际组织如国际劳工组织（ILO）和国际职业教育联合会（IVETA）积极推动职业教育领域的全球合作和标准化。这些组织通过制定和推广国际标准，确保职业教育的质量和一致性。例如，国际认证机制可以评估教育机构的课程内容、教学方法和毕业生的职业能力，以确保它们符合国际标准。这不仅帮助教育机构在全球范围内获得良好的信誉，也确保学生在进入国际劳动力市场时具备被广泛认可的资格和技能。

（二）课程与认证标准的国际化

国际化职业教育课程和认证标准的逐步推进，正是为了满足全球化劳动市场的需求，提升教育质量，并确保教育内容与国际标准接轨。这一进程不仅涉及课程设计的全球化，还包括认证体系的标准化，旨在为学生提供与国际市场相符的技能和知识，从而增强他们的全球竞争力。

许多国家在设置职业教育课程时，将国际通用的职业技能和技术知识融入课程内容中。这种做法有助于确保学生掌握全球行业所需的核心能力，例如数字技能、跨文化沟通能力和专业技术知识。这不仅提高了学生在国际就业市场上的竞争力，也增强了他们的跨文化适应能力，使其能够在多元文化的工作环境中更好地发挥作用。国际认证机构如ISO（国际标准化组织）和CEC（认证评估委员会）提供了专业的认证标准，用于评估职业教育课程和机构的质量。这些认证标准涵盖了课程内容的完整性、教学方法的有效性、评估体系的公正性等多个方面，旨在确保教育质量符合国际要求。通过这些认证，教育机构能够获得国际认可，提升其在全球市场的信誉和影响力。例如，国际认证的技术资格证书如Cisco认证、Microsoft认证等在全球范围内得到广泛认可。这些认证不仅为学生提供了与国际标准相符的技能证明，也显著提高了他们在全球就业市场上的竞争力。获得这些认证的学生通常能够在技术领域找到更具挑战性和高薪的职位，因为这些证书被全球企业视为职业资格的标志。企业在招聘时更倾向于选择拥有这些国际认证的候选人，因为它们证明了持证人具备了国际认可的专业技能和知识。国际化职业教育课程和认证标准的推进，也促进了全球职业教育领域的合作与发展。教育机构通过参与国际合作项目、联合培养计划和跨国认证，能够与其他国家的教育机构共享资源、交流经验。这种合作不仅提升了教育质量，还推动了教育内容和方法的创新。例如，国际合作项目常常包括双学位课程、跨国实习和学生交换等，都为学生拓展了国际视野和提供了宝贵的实践经验。

（三）技术进步与在线教育的融合

技术的进步和在线教育的发展显著加速了职业教育的国际化进程，为全球范围内的学生和教育机构提供了前所未有的机会和便利。

大规模开放在线课程和在线学习平台提供了全球范围的职业培训课程。这些平台使得来自不同国家和地区的学生可以轻松地访问高质量的课程，获得国际认证的职业技能培训。学生能够在任何时间、任何地点，通过互联网完成学习，打破了传统教育的地域限制和时间约束。这些技术提供了更加沉浸式的学习体验，使学生能够在虚拟环境中进行实践操作，从而更好地理解和掌握复杂的职业技能。比如，虚拟现实（VR）可以用于模拟真实的工作场景，让学生在安全的环境中进行实践训练，而增强现实（AR）则可以通过在真实环境中叠加虚拟信息，帮助学生在实际操作中获得即时反馈和指导。这些技术不仅提升了学习的互动性和实用性，还使得职业教育的内容更加生动和直观。虚拟实验室和模拟操作平台让学生能够进行实验和操作，而无须实际的物理设备，这对于那些资源有限的教育机构尤其重要。技术的应用也促进了全球教育资源的共享，使得教育机构能够将先进的教学工具和方法引入到不同的教育系统中。

第二节　传统文化在国际化职业教育中的地位

一、在文化素养与跨文化交流能力的培养中占据重要地位

在国际化职业教育中，将传统文化融入课程中不仅能够丰富学生的学习体验，还能显著提升他们的文化素养和跨文化交流能力。这种融合有助于学生在全球化的工作环境中更好地适应和沟通，从而更有效地参与国际合作和跨国业务。

在国际化职业教育中引入传统文化课程，能够帮助学生深入了解不同国家和地区的文化习俗、商业礼仪和社会规范。这些课程通常涵盖传统节日、礼仪规范、价值观念等方面的内容，使学生能够在实际工作中更好地与来自不同文化背景的同事、客户和合作伙伴进行互动。例如，学习中国的传统节日和习俗可以帮助学生在与中国客户沟通时展现对其文化的尊重，从而建立更好的业务关系。通过学习和体验不同的文化，学生能够更好地理解和接纳

多样性。这对于在多元文化的工作环境中顺利开展业务至关重要。职业教育机构可以通过课程设计，包括案例分析、角色扮演和模拟体验等方式，增强学生在实际工作场景中的文化适应能力。例如，模拟国际商务谈判中的文化冲突和解决策略，可以帮助学生在真实的工作环境中更自如地应对类似挑战。在某些国家和地区，职业教育课程已经开始纳入传统文化元素，以帮助学生为跨国公司和国际合作项目做好准备。例如，在日本，职业教育课程可能会包括有关日本礼仪和商业文化的培训；在印度，课程可能涉及印度传统文化和节日的介绍。学生不仅能够获得专业技能，还能获得与国际业务相关的文化知识，从而更好地融入全球化的工作环境中。理解和尊重多种文化背景，不仅对个人的职业发展有利，也对企业的国际化战略有积极影响。具备文化素养的员工能够更好地理解不同市场的需求，参与国际合作项目时能够表现出更多的敏感性和适应性。这对于企业的全球业务扩展和市场开拓至关重要。

二、在促进传统工艺与行业技能的传承中不可或缺

传统文化中的工艺和技能在许多职业领域仍然扮演着重要的角色，特别是在手工艺、设计和艺术等行业。这些传统技能不仅代表了深厚的历史文化价值，还在现代市场中展现出独特的吸引力。职业教育机构可以通过提供相关课程和培训，帮助学生掌握这些传统技能，从而有效地保护和传承传统工艺。

传统工艺技能如织布、雕刻和陶艺等，具有丰富的历史背景和文化内涵。在许多国家和地区，这些技能不仅是文化遗产的一部分，也是现代设计和艺术创作的重要来源。例如，中国的传统刺绣、印度的手工编织和日本的陶瓷技艺，都在全球市场上受到高度评价和喜爱。职业教育机构可以通过设置专门的课程，教授这些传统工艺技能，并结合现代技术和设计理念，使学生能够在传统技艺的基础上进行创新。在设计和艺术行业，传统工艺技能可以与现代设计理念相结合，创造出具有文化深度和市场价值的作品。例如，

将传统织布技艺融入现代服装设计中，或将传统雕刻技艺应用于室内装饰设计中，都能够创造出具有独特风格和市场竞争力的产品。职业教育机构可以与企业合作，开展相关的实习和项目，帮助学生将传统技能应用于实际工作中，从而提高他们的职业能力和市场适应性。职业教育机构还可以通过传承和创新传统工艺，推动文化产业的发展。在文化创意产业中，传统工艺不仅作为文化产品的一部分，还可以成为品牌建设和市场推广的重要元素。通过职业教育的培养，学生能够将传统工艺与现代市场需求相结合，参与到文化产业的各个环节中，包括产品设计、市场营销和品牌策划等。这不仅有助于保护和传承传统工艺，还能促进文化产业的繁荣和发展。在实施这些课程和培训时，职业教育机构可以利用多种教学方法，包括实地考察、设立工艺工作坊和开阵文化交流活动。通过实地考察，学生可以直接观察和学习传统工艺的制作过程；通过工艺工作坊，学生可以亲身参与到传统技能的实践中，掌握制作技巧；通过文化交流活动，学生可以了解和体验不同地区的传统工艺，拓宽他们的视野和思路。

三、在增强文化认同与提升品牌价值中至关重要

在涉及传统文化的职业领域中，融入传统文化元素不仅能够增强个人或企业的文化认同感，还能够显著提升品牌价值。这种文化融入的策略在国际化职业教育中尤为重要，不仅帮助学生在全球市场中脱颖而出，还推动了企业和个人的品牌建设和国际影响力的提升。将传统文化元素融入品牌设计和产品开发中，能够使品牌在竞争激烈的市场中脱颖而出。例如，一些知名品牌通过采用传统工艺制作高品质的产品，或者将传统文化故事融入品牌叙述，成功地在市场上形成了独特的品牌个性。这种文化内涵不仅使品牌更具吸引力，还能够在消费者心中留下深刻的印象，从而增强品牌的市场竞争力。通过传递传统文化的价值观，品牌能够吸引对文化有深刻认同感的消费者，提升品牌的忠诚度和市场认可度。通过提供专业的课程和培训，职业教育机构能够帮助学生了解和掌握传统文化的核心价值，并将这些价值有效地

应用于现代职业实践。例如，在产品设计课程中，学生可以学习如何将传统工艺与现代设计理念结合，创造出符合市场需求且具有文化深度的创新产品。这种跨文化的设计能力不仅能够提升学生的就业竞争力，还能够为他们的职业发展获取更多的机会。学生能够在国际化的职业环境中展现独特的创意和技能，为未来的职业生涯奠定坚实的基础。企业可以与职业教育机构合作，开展一系列相关的培训和实习项目，以帮助员工和学生掌握将传统文化应用于商业实践的技巧。例如，企业可以组织员工参与传统工艺的培训工作坊，或与职业教育机构合作开发以传统文化为主题的品牌营销课程。这种合作不仅能够提升员工的文化素养，还能够帮助企业在国际市场中建立具有文化深度和独特性的品牌形象。通过展示对传统文化的重视和应用，企业能够强化自身的社会责任感和文化价值观，进一步增强在全球市场中的竞争力和影响力。

第三节　国际合作中的传统文化传播

一、在文化交流项目中的传播

在国际合作中开展文化交流项目能够显著提升传统文化的传播和全球认同。这种方法不仅展示了传统文化的独特魅力，还通过互动和交流加深了国际社会对这些文化的理解和欣赏。这些表演包括传统音乐、舞蹈、戏剧等，能够为国际观众提供身临其境的体验。例如，通过邀请国际观众参加中国的京剧表演、日本的茶道体验或印度的古典舞蹈，能够让他们直接感受到这些艺术形式的美学价值和文化深度。这些表演不仅展示了传统艺术的独特魅力，还能够在观众中引发对传统文化的兴趣和尊重。这种直接的艺术体验帮助外国观众更好地理解和感受相关文化传统，从而增进对其文化背景的认同。

传统节日和文化庆典活动，如春节、中秋节、丰收节等，往往具有丰富的文化内涵和庆祝形式。通过组织这些节庆活动，可以让国际社会了解节日的历史背景、庆祝方式和相关的传统习俗。例如，在春节期间举办的国际庆祝活动中，可以展示传统的舞龙舞狮、书法作品、民俗表演等，邀请外国观众参与到传统节日的庆祝中。通过品尝传统美食、参与节日游戏和欣赏节日装饰等，观众能够身临其境地体验节日氛围，增强对这些文化传统的认同感和喜爱。通过举办传统工艺、艺术品和文化遗产的展览，可以向全球观众展示传统文化的丰富性和艺术性。例如，展出传统的书法、绘画、手工艺品等，可以让外国观众欣赏这些具有深厚文化底蕴的艺术作品。展览不仅提供了对传统文化的直观了解，还可以通过互动环节、讲解和讨论，加深观众对传统文化的理解和欣赏。艺术展览通常包括互动展品、讲座和工作坊，使观众能够参与到艺术创作的过程中，进一步加深他们对传统艺术的兴趣和认知。通过这些文化交流项目，不仅可以展示传统文化的独特魅力，还能够促进跨文化的互动和理解。国际观众通过直接参与和体验，能够更好地感受和欣赏传统文化，从而增进对这些文化的认同感。这些项目也为文化交流提供了平台，促进了不同文化背景之间的对话和合作，增进了全球文化的多样性和包容性。这种互动不仅帮助传统文化在国际舞台上获得认可，还能够为全球观众提供丰富的文化体验和学习机会。

二、在合作研究与教育中的传播

在国际合作中，建立跨国的研究合作和教育交流平台对于传统文化的保护、研究与传播至关重要。设立国际研究中心专注于传统文化的保护、研究与传承，可以集中力量汇集来自不同国家和地区的专家、学者和文化工作者。这些研究中心可以承担研究和制定保护传统文化遗产的策略，包括物质文化遗产（如古建筑、文物）和非物质文化遗产（如民俗、口头传统）的保护措施。通过对传统工艺、艺术形式、语言等进行系统研究，确保其在现代社会中的持续存在和传承。研究中心可以出版相关的学术期刊和书籍，分享研究成果，并促进全球范围内对传统文化的理解和认知。同时，探索传统文化在现代社会中的创新应用，通过跨国研究合作开发新的应用模式和商业模式，将传统文化的价值转化为经济效益和社会影响。通过安排来自不同国家的学生进行交换，参与对方国家的职业教育课程和文化活动，学生能够直接体验和了解不同国家的传统文化，增强跨文化沟通能力。这类项目还能够拓展学生的国际视野，使他们能够在全球化的工作环境中更好地适应和融入。联合不同国家的教育机构，共同开发以传统文化为主题的课程，课程内容可以涵盖传统艺术、工艺、节庆等方面，结合各国的文化特色，提供综合性的学习体验。这种课程设置不仅能够提升学生对传统文化的认知，还能够培养他们在全球市场中的竞争力。通过组织国际文化节、展览、工作坊等活动，让学生和教师有机会展示和体验不同国家的传统文化。这样的活动有助于增进文化理解和尊重，同时也为学生提供了实践和应用传统文化的机会。通过这些跨国合作和教育交流平台，不仅能够推动传统文化的全球传播，还能够培养更多对传统文化有深入了解和浓厚兴趣的国际人才。这种国际化的教育和研究合作能够为传统文化的保护和发展提供坚实的基础，并在全球范围内提升其影响力和认知度。

三、在数字平台与媒体中的传播

数字技术和媒体平台是国际传播传统文化的重要途径。数字技术不仅能够提升传统文化的可达性，还能让全球观众以更便捷的方式接触和了解这些文化。数字档案馆可以集中保存传统文化的文献、图像、视频等资料，通过多语言界面，让不同语言背景的用户都能访问和了解这些资源。这些数字档案馆不仅保存了珍贵的文化遗产，还可以提供交互式的体验，使用户能够深入了解传统文化的背景、历史和意义。线上博物馆则可以通过虚拟展览的形式展示传统文化的艺术品、工艺品和历史遗迹。虚拟博物馆能够提供沉浸式的参观体验，观众可以通过虚拟现实（VR）技术进行360度的展览游览，或者通过增强现实（AR）技术与文化内容进行互动。这种数字化展示方式突破了地域限制，让全球观众能够随时随地访问和欣赏传统文化。通过创建和维护多语言的社交媒体账号，文化机构和组织可以发布传统文化的相关内容，如艺术作品的图片、文化活动的直播、专家讲解的视频等。这种实时、互动的传播方式不仅能够吸引全球观众的关注，还能够促进观众的参与和讨论。例如，通过在社交媒体上发布传统工艺的制作过程，或举办线上文化节庆活动，观众可以更直观地体验和了解传统文化。数字技术的应用还可以支持多样化的文化推广活动。比如，通过制作相关文化主题的短视频、播客或者互动应用程序，文化机构可以以创新的方式向全球观众讲述传统文化故事。利用大数据分析和用户反馈，机构能够了解观众的兴趣和需求，进一步优化传播策略，增强文化推广的效果。

参考文献

[1] 张婷，陈良维.人工智能在职业教育中的应用与研究[J].工业技术与职业教育，2024，22（1）：120-124.

[2] 吴宝平，吴瑞倩，李敏.中华优秀传统文化融入职业院校学生教育的研究及应用——以沧州幼儿师范高等专科学校小学教育系为例[J].沧州师范学院学报，2024，40（2）：128-132.

[3] 郑红英.传统文化在高校思政教育中的应用——《传统文化与高校思政融合发展研究》评介[J].高教发展与评估，2024，40（1）：11-14.

[4] 唐秀玲.中华优秀传统文化中的美育研究——评《中华优秀传统文化教育》[J].语文建设，2024（4）：100-101.

[5] 周春.中国优秀传统文化在音乐创作中的应用研究[J].戏剧之家，2024（5）：101-103.

[6] 梁秀平.优秀传统文化在大学语文教学中的应用研究[J].学周刊，2024（2）：1-3.

[7] 刘文.中华优秀传统文化融入学前教育中的路径研究[J].教育进展，2024，14（6）：677-681.

[8] 戴科.中华优秀传统文化融入大学生情商教育的价值与应用研究[J].产业与科技论坛，2024，23（5）：125-128.

[9] 常红梅，樊星.职业教育外语教材中的中华文化融入与呈现研究[J].北京联合大学学报（人文社会科学版），2024，22（2）：89-99.

[10] 岳星.中华优秀传统文化在高职教育中的传承发展研究[J].文化

创新比较研究，2024，8（9）：151–155、193.

［11］叶尚婷.中华优秀传统文化微课在小学语文课堂中的研究应用［J］.中文科技期刊数据库（文摘版）教育，2024（5）：0025–0028.

［12］王艺霖.中华优秀传统文化融入小学语文教育中的策略研究［J］.中文科技期刊数据库（引文版）教育科学，2024（1）：0136–0139.

［13］杨丽.中华优秀传统文化在高校思政教育中的渗透研究［J］.中文科技期刊数据库（全文版）教育科学，2024（1）：0096–0099.

［14］任淑怡.中国传统文化绘本在幼儿园教育中的应用研究［J］.世界儿童，2024（2）：0063–0065.

［15］吴省红.中华优秀传统文化在高中地理教学中的应用研究［J］.中华活页文选（高中版），2024（1）：0077–0079.

［16］赵艳梅.中华优秀传统文化在职业院校生物教学中的应用探析［J］.炫动漫，2024（2）：0100–0102.

［17］杨莉.中华优秀传统文化在中小学校训中的价值与应用研究［J］.大学（思政教研），2024（1）：157–160.

［18］刘杰，王婷.中华优秀传统文化在高职学生思想政治教育中的重要性及应用策略探究［J］.中文科技期刊数据库（文摘版）教育，2024（2）：0119–0122.

［19］王秀芳.教育强国战略背景下中华优秀传统文化在高职英语教育中的融合路径研究［J］.中文科技期刊数据库（全文版）教育科学，2024（1）：0141–0144.

［20］刘笑男.传统文化元素在数字广告中的传播应用研究［J］.包装工程，2024，45（10）：369–376.

［21］李婧.高等教育同中华优秀传统文化相结合的学理研究［J］.中国文房四宝，2024（2）：0075–0076.

［22］刘丹.文化输出下中华优秀传统文化在高职教育教学中的应用——评《高职教育教学文化研究》［J］.科技管理研究，2023，43（4）：

237-237.

[23] 贺子芳，廖昕怡，郑敏.中华优秀传统文化资源在小学科学教学中的应用[J].年轻人（C版）（学校天地），2024（3）：12-15.

[24] 吴文冰.中华优秀传统文化在中职学校应用文写作教学中的融入[J].文化创新比较研究，2024，8（13）：150-154.

[25] 杜旺旺.中华优秀传统文化在职业本科教育教学中的实践机制研究[J].林业科技情报，2023，55（1）：189-191.